TAWANTINSUYO 5.0
Cosmovisión andina

Alonso del Río

TAWANTINSUYO 5.0

Diseño y tejido de la carátula: Waltraut Stölben
Editora general: Fortunata Barrios
Diseño, gráficos y diagramación: Claudia Sarmiento

Primera edición: diciembre de 2007
Segunda edición: diciembre de 2011

ISBN: Tapa Blanda   978-1-4633-6098-6
                 Libro Electrónico   978-1-4633-6099-3

© Alonso del Río
www.ayahuasca-ayllu.com
e-mail: sralonso@yahoo.es

Fecha de revisión: 06/08/2013

Para realizar pedidos de este libro, contacte con:
Palibrio LLC
1663 Liberty Drive
Suite 200
Bloomington, IN 47403
Gratis desde EE. UU. al 877.407.5847
Gratis desde México al 01.800.288.2243
Gratis desde España al 900.866.949
Desde otro país al +1.812.671.9757
Fax: 01.812.355.1576
ventas@palibrio.com
471498

Índice

Agradecimientos

A mi gran madre y a mi gran padre —Pachamama y Pachakamaq—, por crear toda esta maravilla que llamamos vida. Al Sol y a la Luna, al cielo y a la tierra, mis abuelos. A mi padre y a mi madre, por el regalo de la existencia y el amor. A mi gran amor, Waldi, por una vida plena en los tres mundos y por la oportunidad de permitirme ser honesto. A mis hijos, mis maestros. A mi inolvidable don Benito, quien me protegió y me guió por el difícil camino de las plantas sagradas. A mi amiga de toda la vida, Fortunata Barrios, editora y partera de este libro. A Claudia Sarmiento, quien realizó los gráficos y diagramó este trabajo con todo su amor. A Zadir Milla, quien me facilitó algunas imágenes y conceptos sobre el Tawantinsuyo. A Román Vizcarra, quien me enseñó la importancia de hablar con un lenguaje propio en el Tawantinsuyo. A mis amigos Rajani y Guillermo Pernas, quienes, finalmente, me convencieron de escribir este libro. Seguiría una larguísima lista de hermanos y hermanas de todo el mundo, con los que he sido inmensamente feliz compartiendo muchas ceremonias, cuyos frutos y reflexiones presento aquí. Por último y, especialmente, a todos los hombres y mujeres que transitaron antes que nosotros el sagrado camino americano y lograron que ese conocimiento llegue a nuestras manos. Decirles a todos que siempre los llevo en mi corazón.

7

Capítulo 0

Este libro reúne parte de lo que puedo compartir hasta el momento, luego de recorrer 30 años el camino de las plantas sagradas y de estudiar antiguos símbolos y tradiciones que vienen de tiempos remotos. Mis primeros maestros fueron de la nación shipiba, en la Amazonía peruana. Ellos me instruyeron en el arte de la medicina sagrada a la que llamamos ayahuasca. Todo mi agradecimiento a la familia Arévalo y, especialmente, a mi inolvidable don Benito. Mi segunda fuente de aprendizaje fueron las tradiciones de los nativos norteamericanos. Ceremonias como la Búsqueda de Visión, la Danza del Sol y el Inipi fueron determinantes en mi vida para reconciliarme y devolverme el entendimiento de lo que significa rezar. Mi tercer agradecimiento es para la nación tawantinsuyana, dispersa en el tiempo y el espacio, pero unida como un monolito en su amor por la realidad y el bien común. Aquí, los maestros fueron las piedras, los templos, los textiles, la cultura viva y todo tipo de diseño que les sirvió a los antiguos sabios para transmitir, desde hace milenios, tantas verdades que no cabrían ni en un libro de 1,000 páginas.

Si representáramos la verdad total por un punto en el centro de un círculo, tendríamos por lo menos 360 formas de verlo. Si tomamos en cuenta los minutos y segundos que componen cada grado, podríamos tener 1,296,000 diferentes enfoques. Este trabajo ni siquiera pretende ser uno de estos tantos puntos. Cada ser tiene el mismo derecho de, simplemente, describir lo que está viendo. Esta es sencillamente mi propuesta, ante mi familia, ante mis hermanos y hermanas. Quiero desplegarla ante ti como una alfombra. Si te sirve, úsala.

A mis hermanos teóricos del Tawantinsuyo, pedirles perdón por usar palabras controvertidas para la ortodoxia tawantinsuyana. Términos como «Dios» o «rezar» han sido incluidos porque creo que pueden ayudar a algunas personas a comprender más fácilmente el texto. Invoco la inclusión, la comprensión. En todo caso, es necesario precisar el significado de «Dios» como la 'causa sin causa' y el de la palabra «rezar» como 'dialogar en forma sagrada'.

Me exonero de toda pretensión científica que este texto pudiera aparentar. Este no es un libro de Historia ni de Arqueología. Existen estudiosos que han escrito sobre el antiguo Perú desde la perspectiva de las ciencias sociales. Muchos de ellos estarán de acuerdo en que la sabiduría de los pueblos andinos y amazónicos no necesita validarse en los términos de la ciencia moderna, pues miles de años antes de que se inventara incluso la palabra «ciencia», ya se habían alcanzado en América sorprendentes logros en diferentes áreas del saber. Este continente siguió su propio camino sagrado, evolucionando en la búsqueda del equilibrio entre el pensar y el sentir. Me parece arbitrario desconocer los singulares valores en los que se basa el proceso americano para hacerlo encajar en los parámetros de desarrollo del modelo occidental que, por ejemplo, califica de «primitivas» a las civilizaciones que no contaron con la escritura. Una de las intenciones de este libro es justamente la revalorización del símbolo como una magistral forma de comunicación. En algún sentido, a veces, me parece incluso superior a la escritura, pues es la unión de un concepto racional con una imagen emocional. Máxima sabiduría. Es, precisamente, parte esencial de este trabajo volver a darle una mirada a la relación entre el sentimiento y la razón, entre lo femenino y lo masculino, no solamente para vivir como seres humanos completos y equilibrados, sino porque esta dualidad es el fundamento de la luz, de la vida misma.

Este libro también responde a la urgente necesidad de cambiar el paradigma de «evolución espiritual» por el de «camino sagrado», pues el primero coloca en absurda relación de oposición a «el» espíritu y «la» materia, desconociendo la cualidad sagrada de esta última. Se está desarrollando una sociedad poco consciente de la dimensión sagrada de lo femenino, lo que genera consecuencias desastrosas en las relaciones entre el hombre y la mujer, y entre el ser humano y la madre tierra. Algunos «espiritualistas» no ven a la materia, ni a la mujer ni al planeta como a una madre sagrada, sino como una cosa.

Por otro lado, está aquí el sueño casi logrado de hablar de una gran síntesis universal del conocimiento humano, expresado, principalmente, en una visión integradora de la cuatripartición, la rueda de medicina y la ley dinámica de transformación. Tres sistemas de transformación, desarrollados en cinco continentes simultáneamente. Levantando este quinto Tawantinsuyo universal, reconocemos la capacidad de todos los pueblos y de todos los seres de llegar a las mismas verdades cuando vivimos «con el corazón en la mano».

El uso de plantas maestras fue un hecho de innegable importancia en el antiguo Perú y, a mi parecer, estas tienen una influencia muchísimo mayor que la geografía para modelar el paisaje interior del hombre y la cultura que las usan. No es mi intención justificarme ni acreditarme para tratar de hacer valer mis opiniones. Pero sí quiero decir que, en lo fundamental, mi mente es más parecida a la de un oficiante chavín que a la de muchos de mis contemporáneos.

Comparto con muchos estudiosos de la cultura andina la necesidad de complementar la energía femenina, representada por Pachamama, con su correspondiente contraparte masculina. Ya sabemos que Pachamama también es padre y madre por la dualidad que todo ser contiene, pero es fácil darse cuenta de que es una energía predominantemente femenina. Pacha*mama* es la madre de todo el universo. Literalmente, la madre del Espacio. Entonces, siguiendo la gran enseñanza de la paridad y la complementariedad en el mundo andino, la gran pregunta es: ¿dónde está la pareja de Pachamama?

Esta ausencia no es parte del gran misterio, sino de los tremendos espacios en blanco en nuestra historia que los invasores militares y religiosos dejaron tras siglos de oprobio y exterminio. No es mi intención llenar estos vacíos solo por llenarlos, para tener algo completo que mostrar. No siento esta obligación. El tema me inspira el más profundo respeto. Lo cierto es que mi búsqueda de equilibrio, de armonía, de complementariedad, me pide darle imagen y nombre a quien considero mi padre, la pareja de mi madre, mi señor Pachakamaq, padre del Tiempo. Literalmente, «creador del Tiempo». Solo la iconografía y la tradición directa recogida en algunos pueblos nos han podido liberar de tamaño error de confundir a Pachakamaq con el supremo creador, Wiraqocha. Para algunos de los que repiten esta identificación, la complementariedad podría ser tan solo una palabra de 17 letras, pues según la iconografía, Wiraqocha representa la unidad que contiene a la dualidad no manifestada. En esta gigantesca ausencia, incluso de templos, rituales y memoria, yo encuentro una tremenda y descomunal presencia que inunda cada rincón de todo cuanto existe: Pachakamaq también es el espíritu, mi propio espíritu.

Por otro lado, en momentos en que la diversidad está gravemente amenazada, cada pueblo no solo tiene el derecho sino la obligación de reconstruir su propia y natural forma de relacionarse con lo sagrado. Todos los pueblos y naciones devastados por los imperialismos religiosos debemos reconectarnos con el propio rezo que brota de las entrañas en cada rincón de nuestra madre tierra. No creo que haya rezo más poderoso en tu tierra que el de tus antepasados, así tengas que remontarte muchos siglos. No estoy diciendo que inventemos o copiemos el pasado, ni que nos aferremos a él. Cada tradición y ritual son diferentes porque cada parte de la tierra lo es. Los ritos están en resonancia con la cultura y la forma geográfica de cada lugar, y eso es, en parte, lo que les da tanto poder.

Me parece muy interesante conocer todas las tradiciones y formas de rezar del mundo, pero eso de estar importando o exportando religiones no es lo mío. Al lugar de la tierra a donde la vida me lleva me gusta invitar a la gente a averiguar la forma local de rezar y no pretendo imponer la mía. Aquí, en mi tierra, me gusta llamar a mi gran padre y a mi gran madre por sus nombres tradicionales, pero creo que es importante que cada pueblo recobre su propia voz, haciendo tal vez el último intento de preservar uno de los mayores regalos de esta vida: la gran diversidad, de la cual también tú y yo somos parte.

En el primer capítulo, intento hablar de la unidad y del gran creador Wiraqocha, quien se halla más allá y por encima de los tres mundos. Luego, continúo con diferentes reflexiones que pueden ser útiles para contextualizar lo que sigue. En el segundo capítulo, el gran tema es la dualidad, Pachamama y Pachakamaq, que, en el *Kay pacha*, se expresan en el hombre y la mujer. En nuestro interior —el *Uhu pacha*—, Pachamama y Pachakamaq se convierten en mente y sentimiento, los últimos representantes de estas energías primordiales a quienes les dedicamos bastante atención. En el capítulo tercero, trato los tres mundos, las triadas, las trinidades. Finalmente, en el cuarto, abordo el Tawantinsuyo más como concepto que como realidad histórica. Luego, hablo sobre la cuatripartición y la rueda de medicina relacionándolas con otros sistemas similares en todos los continentes. Las analogías o imágenes que uso son solo medios para traducir a simples entendimientos situaciones y realidades totalmente abstractas. No deben tomarse como creencias que remplacen a la realidad que representan.

Estamos contemplando, en la actualidad, la manifestación de uno de los mitos más importantes de la humanidad: el Ouroboros, la serpiente que se muerde la cola. Muchos de los últimos descubrimientos científicos no hacen sino comprobar la inexplicable sabiduría de tiempos antiguos. ¿Cómo y por qué vías tenían acceso a semejantes verdades? Este es uno de los puntos que comento hacia el final del cuarto capítulo, cuando hablo sobre el ayahuasca. En este libro, la palabra «medicina» se refiere, en general, a todas las plantas sagradas o plantas de poder y, en particular, la uso para el ayahuasca. Esta estructura de cuatro capítulos ha sido diseñada intuitivamente siguiendo la misma lógica fractal de la rueda de medicina o la ley dinámica de transformación.

Por último, diré que si mi sueño se cumpliera totalmente, no sería necesario leer este libro. Bastaría contemplar el símbolo de la carátula. No olviden que lo escrito es solo mi interpretación; la verdad está en el símbolo, en el tejido…

Capítulo I

La unidad

La Estela de Chavín de hace aproximadamente 4,000 años representa a Wiraqocha, creador del mundo, ostentando dos cetros. Las dos energías dentro de su mano simbolizan las energías primordiales —lo masculino y lo femenino— en estado potencial. Todos los ornamentos correspondientes a la parte superior podrían corresponder a los innumerables mundos o dimensiones que posee dentro de sí.

El camino invisible

No tengo duda de por qué la antigua enseñanza nos habla de dos caminos: uno de ida y otro de vuelta. Un camino visible y otro invisible, un camino hacia la diversidad y otro hacia la unidad, uno hacia la mente y otro hacia el corazón, uno hacia el conocimiento y otro hacia la sabiduría.

Este libro es el comienzo del camino de retorno. Está pensado y sentido para todos los hermanos y hermanas que han intuido el final del primer camino. ¿A dónde más vas a buscar? ¿Cuánta información más quieres tener? ¿De qué tamaño quieres dejar crecer tu ego antes de ofrendarlo? Si crees que ya estás suficientemente maduro y listo para empezar el camino invisible, que es inútil seguir llenándote solo de información al infinito, que ya no hay más dónde buscar sino en tu interior, este es tu libro y está hecho para ti, porque está escrito desde el interior y, en el interior, todos somos iguales. Este es uno de los secretos de la unidad.

Si no estás listo para iniciar el viaje de regreso y crees —con todo derecho— que necesitas más tiempo para aprender más y enriquecer tu personalidad, te suplico que no sigas leyendo, pues quizá más adelante encuentres frases y verdades que pueden ofender tus creencias, y esa no es de ninguna manera mi intención. La enseñanza del camino invisible es muchas veces contraria al camino visible, y, si no estás realmente maduro para el gran viaje de retorno, simplemente no lo entenderás o no podrás manejar la intensidad del amor y del dolor que estas páginas esconden.

Hablar de la sagrada unidad de todo lo que existe no solo es abrirse al inconmensurable amor que es el sustento de toda la existencia, sino también a todo el dolor de todo lo que sufre. Tu capacidad de amar es la misma que tu capacidad de sufrir. Se trata de tu sensibilidad, de la intensidad con la que sientes. Si crees que es un logro volverse inmune al sufrimiento de los otros, tú mismo le pones un límite a tu capacidad de amar. Recuerda bien esto: tu capacidad de sentir el dolor es la misma que tu capacidad de sentir el amor, es exactamente la misma.

El amor y el dolor son las dos alas que nos dan al final del camino de ida y sin las cuales es imposible volar sobre el camino de regreso. ¿Alguna vez has visto un ave volando con una sola ala?

El camino invisible no tiene reglas, no tiene tiempo; si lo ves, ya lo hiciste. No hay forma de prepararte para recorrerlo mejor, porque no se camina, se vuela. Aunque no hay diferencia entre la meta y tú, igual se vuela. No hay forma de aprenderlo, tienes que saberlo; y tu vuelo depende del tamaño y la potencia de tus alas, de tu amor y tu dolor.

Unidad absoluta y unidad relativa

Todo lo que existe contiene, como parte de su naturaleza, a la dualidad. Todo lo que existe tendrá su unidad relativa y su diversidad relativa, es decir, su parte femenina y su parte masculina y, así, cada una de estas partes, considerada como una unidad, contendrá su propia dualidad.

Presentir la dimensión de la unidad absoluta, la unidad de todo lo que existe, incluido lo que podría existir, solo es posible a través del sentimiento. La mente no nos sirve para esto. No es suficiente imaginar la unidad. La mayoría de las culturas que reflexionaron sobre ella coincidieron en que está más allá de la mente humana. Aun así, cada una le dio nombre en su propia lengua, con palabras que significaban más o menos lo mismo: lo inaccesible, lo incomprensible, el gran misterio, la causa sin causa. Lo cierto es que el concepto de la unidad de todo lo que existe puede ser percibido, en distintos niveles de claridad, por la mente, pero en su totalidad solo con el corazón. Para poder percibir a plenitud la unidad, no podemos seguir pensando de la misma manera; es más, no podemos seguir pensando, tenemos que sentirla. Mientras pensemos «quiero entender la unidad», más incomprensible se nos hará, pues nuestra mente está diciendo «yo y la unidad». Para sentir totalmente la unidad, no puede haber mente que dé nombre, creencia que distancie ni religión que separe. Tenemos que estar dispuestos a renunciar a toda religión, a toda creencia, a todo pensamiento.

Nuestra búsqueda comienza con una simple pregunta: «¿Quién soy yo?». Si tenemos la suerte de no responder inmediatamente desde nuestros condicionamientos y esperamos que esta interrogante repose en nuestro interior, la respuesta caerá algún día como un fruto maduro que nos nutrirá y alegrará de por vida. Por momentos, se vuelve casi incontenible el deseo de expresar lo que para mí sería la respuesta, pero encuentro mayor satisfacción en poner en desorden las piezas, para que cada uno haga su propia búsqueda. Por otro lado, ponerla en simples palabras no ayudaría mucho.

¿Cuál es el mayor obstáculo para comprender una enseñanza tan simple y a la vez tan compleja? Para empezar, creo que es muy difícil comprender algo «afuera» si no se ha entendido su analogía «adentro». Las ideas que te puedo transmitir y, en general, cualquier enseñanza, no las puedes conocer sino reconocer; primero tienen que existir dentro de ti. Tienes que haber vivido ciertas experiencias para que lo que leas resuene en ti. Si no existe la experiencia en tu interior, no tendrás la imagen en tu mente y lo que digo será vacío; solo te imaginarás que lo estás entendiendo. Si comprendes lo que digo es porque ya lo sabes. Lo sabes, pero está en un plano más profundo de tu vida, no en la superficie del intelecto. Yo solo te lo recuerdo, lo hago resonar en tu interior. Resonar. Esta palabra es muy importante, es toda una ciencia, hay que aprender a resonar. Por ejemplo, cuando afinamos un instrumento musical, lo hacemos por resonancia. Es decir, equiparamos las vibraciones de aquel que nos sirve de modelo con el instrumento que queremos afinar. Al hablar de la nota La 440, estamos refiriéndonos al sonido que emite una fuente sonora al vibrar 440 veces en un segundo —esta es la frecuencia con la que vibra—. Esta nota tendrá múltiplos tanto hacia arriba como hacia abajo. Es decir, existirán un La 220, otro 110 y un 55. Del mismo modo, también un La 880 y, así, hacia arriba. En forma similar trabajan las verdades, los conceptos, los entendimientos. Las verdades primigenias emiten una vibración que nosotros debemos hacer resonar —en el múltiplo que nos corresponda— adecuando nuestra vibración a la frecuencia exacta. Eso es claridad. Nosotros debemos adaptarnos a la verdad, no adaptar la verdad a nuestros intereses.

Cuando una persona se establece en el conocimiento, reconoce que la felicidad está en no hacer el mal a ninguna forma de vida. Así, cumple la primera etapa. Pero no puede ser una isla en un mar de sufrimiento y, pronto, se dará cuenta de que su felicidad tiene un límite: no puede crecer más porque le aprietan el dolor y el sufrimiento de los «demás» y siente que necesita empezar a aliviar y compartir ese dolor que lo rodea. No es que lo haga porque quiere ser «bueno» o «altruista», sino porque la verdad final es que *todos somos uno*. Qué fácil se ve escrita semejante frase con letras cursivas y qué difícil es cuando hay que demostrarlo. ¿No es paradójico? La más antigua, la más grande y la más difícil enseñanza de los pueblos americanos fue: *yo soy tú, tú eres yo*. Bastaron solo tres palabras para expresar el misterio más grande de la existencia: la unidad de todo lo que existe.

¿Cómo meditar en la unidad, cómo tratar de sentirla si todavía estamos enojados con alguien? Es necesario haber trabajado muy seriamente sobre el perdón, haber perdonado a todos desde lo más profundo de nuestro ser, para que, en el momento de tratar de invocar a la unidad, no aflore ningún pensamiento que intente excluir a alguien. Si somos capaces de observar que dentro de nosotros existen grandes discrepancias y contradicciones, ¿cómo no entender y perdonar que estas existan también en los demás?

Algo que nos impide sentir la unidad son las ofensas. Cuando alguien nos hiere, se activa uno de los patrones mentales más poderosos y más difíciles de controlar, sobre todo cuando se trata de una ofensa totalmente injusta. No hay cosa que hiera tanto como la injusticia. Rechazar la injusticia es uno de los pensamientos más propios y más nobles de la naturaleza humana. Sin embargo, hasta ese pensamiento se vuelve un obstáculo cuando tratamos de penetrar en el misterio de la unidad. Qué difícil es reconciliarnos con alguien que nos ha ofendido injustamente, sobre todo cuando no da muestra de arrepentimiento o de reconocer el error. Este maravilloso misterio que es la vida nos pide ser tolerantes hasta con los intolerantes y honestos hasta con los mentirosos. Se puede seguir discrepando con muchas personas y sobre muchas cosas, pero no se puede seguir ofendiendo ni permitir que se nos ofenda. Cuántos pensamientos tenemos que descartar, cuánto orgullo tenemos que desechar antes de soltar esa emoción de creernos víctimas ofendidas y, sencillamente, comprender y perdonar. Perdonar no porque sea bueno o lo mande tal o cual religión. Perdonar porque es el final del camino, la única salida, el fin de la mente. Perdonar porque es el camino a la libertad, a la unidad.

Illa Teqse Wiraqocha

Al gran creador, la causa sin causa, anterior a toda manifestación, lo llamaron Wiraqocha y lo relacionaron intuitivamente con la luz. Recién ahora, la física cuántica revela el misterio de la luz respecto a su doble naturaleza —ondulatoria o corpuscular— y responde que tiene ambas. El entendimiento del ser humano se pone a la altura de poder imaginar un creador que posea una doble naturaleza: masculina-femenina, absoluta-relativa, manifiesta-inmanifiesta etc., etc. Sin embargo, esto ya se sabía en América desde hace 5,000 años. Esta clave que nos da la ciencia es determinante para poder entender toda la historia de la creación y no entramparse en el dogmatismo de ninguna escuela.

Otra versión del creador, plasmada por la cultura Tiawanako, en la llamada Puerta del Sol, en Bolivia. Siempre empuñando los dos cetros, señor de la dualidad.

Ante un casi total vacío de información, mucha gente entra en tremendas confusiones sobre qué propiedades y atributos conceder a cada uno de los tres grandes personajes de la cosmovisión andina: Wiraqocha, Pachamama y Pachakamaq. Algunos hasta convierten a Pachamama en energía masculina para hacerla encajar con la descripción del altar de Qorikancha, otros confunden a Wiraqocha con Pachakamaq. En fin, existen un sinnúmero de versiones y casi eternas explicaciones.

Para mí este símbolo es más que claro. Wiraqocha representa la dualidad en potencia —por eso, empuña un cetro en cada mano—. Todavía no la suelta, no la manifiesta, pero sí la contiene. Es una existencia anterior a la separación de las energías, existe en el misterio insondable de la unidad pretérita simbolizado por la luz y, por eso, es Wiraqocha. *Wira* hace alusión al fuego —popularmente es la grasa capaz de hacer arder una lámpara— y *qocha* —literalmente 'laguna'— hace referencia al agua. Es una hermosa y poética imagen de un fuego sagrado e inextinguible ardiendo sobre el agua. El nombre completo del creador del mundo andino es *Illa Teqse Wiraqocha*. *Illa* quiere decir 'luz', *Teqse* significa 'fundamento'. Traducción libre: 'El sagrado fundamento de la luz'. *Wiraqocha* es la unión de lo masculino y de lo femenino. Los polos positivo y negativo son el fundamento de la luz. Pura ciencia.

La paradoja

No creo que exista un solo vocablo en ninguna lengua que pueda describir lo que es la vida, pero si tuviera que escoger uno, elegiría la palabra «paradoja». Por donde la miremos, la vida es una paradoja. Es paradójico que tengamos que empezar hablando de la unidad cuando es justamente la conclusión final del entendimiento y la meta de todos nuestros esfuerzos. ¿Cómo empezar a explicar lo que tal vez solo se puede comprender cuando se termina de entender? ¿Cómo explicar lo sagrado de las cosas que quiero decir cuando la dimensión de lo sagrado es tal vez tan solo una semilla en tu interior? ¿No es paradójico que cuando recién empiezas a disfrutar y a entender el misterio de la vida sobre este planeta ya tengas que partir?, ¿que el más grande maestro de la vida se llame error?, ¿que no puedas retroceder la película y hacer las cosas bien desde el principio? ¿Por qué duele tanto conocer el verdadero amor? Tengo una larga lista de preguntas y me imagino que cada uno tiene la suya, pero la única respuesta que encaja perfectamente en todas es: bendita paradoja.

La mente tiene como naturaleza intrínseca a la dualidad maquillada de exquisita paradoja. Las consecuencias del mal manejo de la mente son el conflicto y el enfrentamiento. Para ganarle la partida, debemos entrar en su propio juego. Es decir, dividir la dualidad que ella propone. A esto llamamos la *doble división,* la esencia de la cuatripartición. Crear nuestra paradoja dentro de la paradoja.

Los números

Los números no son solo valores o cifras que nos sirven para contar o medir. Son principalmente arquetipos, sobre todo los primeros de ellos. Expresan conceptos filosóficos muy profundos y siempre han sido materia de estudio en diferentes culturas. Expresan modelos de relaciones entre sí, sistemas cerrados, universos completos.

Nunca será igual un sistema dual a uno trinitario o a otro en el que rija la cuatripartición. No se trata tampoco de que alguno de los sistemas sea superior al otro. Cada uno —incluso los de seis o siete dimensiones— tiene su propia razón de ser y sus aplicaciones específicas. Tratar de enfrentar los sistemas como si unos fueran mejores que otros es parte del redundante vicio de la lógica dual. Pensar que el sistema chino de cinco elementos es superior al americano de cuatro —que coincide con el de Platón— y creer que ambos son inferiores a la trinidad es muestra de poco entender. Es iluso creer que vamos a resolver el misterio de la divinidad y su sagrado origen discutiendo cuál de los sistemas es superior. No todo está siempre en oposición y en exclusión.

Podemos considerar cada número como un universo completo y todo el sistema numérico como un sistema de dimensiones. Pero también los veo como un sistema que conecta cada número con diferentes tipos de relación. Dentro del compartimento de las cosas únicas, guardo todo lo que es único, aquello con lo que mantengo una relación única: el amor de mi padre, el amor de mi madre, mi relación con el misterio, mi relación de pareja. Guardo en el compartimento de la dualidad aquello que en esta vida percibo como doble, todo lo que tiene par, lo que tiene dos lados: mis entendimientos, emociones, conceptos, creencias, juicios, etc. En el compartimento que tiene espacio para tres, todo lo trinitario, todo tipo de relación o sistema que contenga tres elementos: la familia (padre, madre, hijo); los tres mundos andinos (*Hanan, Kay* y *Uhu pacha*); el pasado, el presente y el futuro. En el que tiene cuatro, las cuatro direcciones, los cuatro elementos; prácticamente todo, porque el todo se puede entender a través del cuatro de acuerdo con la maravillosa enseñanza del gran maestro Pitágoras y su famosa *tetraktys*. Y, así, cada número es depositario de una particular cualidad.

El entendimiento fractal

He tomado de la enciclopedia *Wikipedia* en Internet la siguiente definición de lo que es un fractal:

> Un fractal es un objeto geométrico cuya estructura básica se repite en diferentes escalas. El término fue propuesto por el matemático Benoît Mandelbrot en 1975. En muchos casos, los fractales pueden ser generados por un proceso recursivo o iterativo, capaz de producir estructuras auto-similares independientemente de la escala específica. Los fractales son estructuras geométricas que combinan irregularidad y estructura. Muchas estructuras naturales tienen estructuras de tipo fractal, tienen detalles en escalas arbitrariamente pequeñas.

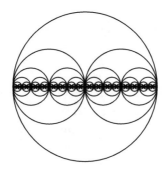

Para nuestra aplicación práctica de esta teoría, una de las principales cosas que cabe resaltar es la perfecta y armoniosa relación del todo con la parte. La parte es una perfecta expresión del todo y viceversa.

En la antigüedad, muchas culturas entendieron y manejaron lo que actualmente se conoce como «teoría fractal». Se trata de una ley natural, es la forma como se crea y se desarrolla el universo. Entender lo que es un fractal es algo totalmente imprescindible para comprender este libro, pues su estructura es justamente un fractal.

La mejor manera es considerar un proceso fractal. Empezaremos con uno muy simple. Si partimos una línea imaginaria, determinando en ella dos partes iguales, estas representan para nosotros las dos energías originales, opuestas y complementarias. De los dos segmentos, si uno representa la unidad, el otro expresará la diversidad y se dividirá inmediatamente a sí mismo en dos partes. Del segmento que se dividió, uno seguirá representando la unidad y el otro se volverá a dividir representando la diversidad, y así hasta el infinito. De esto deducimos que los conceptos de masculino y femenino asociados a la unidad y a la diversidad son total y absolutamente relativos. Solo se comprende como masculino absoluto y femenino absoluto la pareja arquetípica original —la primera línea—. A partir de ella, todos somos masculinos y femeninos relativos.

Principio de diversidad   Principio de unidad

Otro principio fractal es el cuaternario, que surge de la doble división o de la división de la dualidad. Las cuatro dimensiones dentro de las cuales se da nuestra existencia son este cuaternario. Una vez que el eje vertical y el eje horizontal se cruzan formando un plano cartesiano, generan cuatro espacios, cada uno de los cuales vuelve a producir otro cuaternario. Todo este entendimiento se plasmó antiguamente en textiles, cerámica y arquitectura.

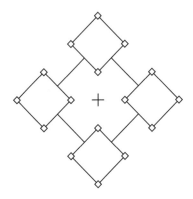

Otro de los fractales clásicos de la antigüedad es el conocido juego del Tarot. Parece ser que los antiguos sabios de Medio Oriente decidieron hacer un experimento: «encriptar» en un juego adivinatorio conceptos de altísimo valor que pudieran sobrevivir al paso de los siglos y, así, evitar que se perdiera esta sabiduría proveniente de tiempos remotos. La parte filosófica —no lúdica— representa una ley cósmica que reduce todos los números a los tres primeros, adjudicándoles tres tipos de valores —positivo, negativo y neutro— considerando el cuarto también positivo, pero negativo como parte de la segunda triada con relación a la primera, de manera que el primer ternario es positivo y el segundo negativo.

	Positivo	Negativo	Neutro	
Primer ternario	1	2	3	Positivo
Segundo ternario	4	5	6	Negativo
Tercer ternario	7	8	9	Neutro

Luego, si consideramos este primer septenario como una unidad, este será positivo, y el segundo septenario, negativo con relación a este. Este es un buen modelo de construcción fractal. No es mi intención dedicarle más tiempo por ahora pero sí decir que este simple juego merece ser tomado un poco más en serio.

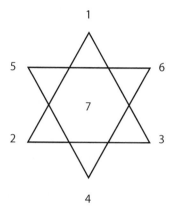

Maestros y caminos

«Se puede engañar a un hombre todo el tiempo,
se puede engañar a todos durante un tiempo,
pero no se puede engañar a todos todo el tiempo».

Benjamín Franklin

Dicen que primero se crea la luz y luego los ojos que la observan. De igual manera, en los grupos humanos y sociedades, los maestros surgen para satisfacer una necesidad natural y específica en cada caso. Por eso, hay tantos y de tan variado calibre y entendimiento. Un maestro puede ser simplemente aquella persona que te ayuda a dar el siguiente paso. Pero es trabajo y responsabilidad de cada uno saber cuándo debe continuar o cuándo abandonar determinados círculos una vez aprendida la lección. En la actualidad, ser «maestro» o «gurú» se ha vuelto un negocio muy rentable (Estados Unidos es uno de los países con mayor número de sectas, religiones, maestros y gurús). Es determinante tener los ojos muy abiertos hacia adentro y hacia fuera. A veces, es muy difícil distinguir los verdaderos de los falsos, pues estos últimos se disfrazan muy bien y hasta logran pequeños poderes que pueden engañar y, «de alguna manera», complicarnos un poco el camino. Sus mentiras están muy bien montadas y parecen casi reales. Por eso, es más importante mirar muy atentamente hacia adentro, hacia nuestra propia mentira, pues esta es la que en última instancia nos va a llevar a conectar, por *resonancia*, con diferentes personas con mentiras similares.

Uno de los aspectos de estos «maestros» que cuesta mucho entender es que mayormente se trata de buenas personas que pueden tener logros y buenas obras, pero su principal error consiste en tratar de ocultar sus faltas y vender una imagen que no corresponde. La necesidad de encontrar ayuda en un instructor hace que la gente tienda a idealizar a los maestros, a creerlos finalmente logrados, perfectos. Y, en este caso, el que calla otorga. Quien consiente que se tenga una opinión equivocada de sí mismo contribuye al error. Es muy importante que cada instructor o hermano mayor cambie de estrategia compartiendo sus faltas o sus limitaciones, poniéndolas por delante en vez de gastar tanta energía en tratar de ocultarlas, creyendo que admitir los errores debilitará la fe de sus creyentes. Muy por el contrario, solo los más mentirosos o los que adoran las apariencias se apartarán; los demás quedarán cautivados por la honestidad.

Se ha polarizado la sociedad en discípulos y maestros. Ya no existen niveles intermedios. Apenas aprenden cuatro cosas, ya se hacen llamar maestros, gurús, hombres medicina. Mi forma de aprender es principalmente observando la naturaleza, la realidad. En ella, todo es gradual. El Sol no irrumpe —normalmente— a media noche como si fuera medio día y nos concede la «iluminación», a menos que nos hayamos pasado todo el día en un cuarto oscuro.

Para encontrar tu verdad, primero tienes que encontrar tu mentira. Si no podemos ver la mentira en nuestro interior, será muy difícil verla afuera. Todo está conectado por hilos muy sutiles e, inconscientemente, solemos prestarnos al juego de alimentar la mentira de alguien que alimenta la nuestra. En todas nuestras relaciones, hay que aprender a reconocer este patrón mental que es muy negativo para nuestro desarrollo. No alimentar la mentira de nadie y no dejar que nadie alimente la nuestra.

Así, vemos que una de las más usadas estrategias para ganar discípulos es hacerlos sentirse «especiales», «la secta de los elegidos». Pero si uno ya está haciendo un trabajo un poco más serio, rechazará todo tipo de adulación del ego y nunca enganchará con esta gente o se dará cuenta bastante pronto de qué pretende realmente. También podemos verlo de otra manera. Hay maestros de muchas clases. Algunos pueden enseñar mostrando *lo que hay que hacer* mientras otros enseñarán *lo que no hay que hacer*. A veces, parece que estos últimos son los más eficientes. De hecho, son los más numerosos y de ellos he recibido muy buenas enseñanzas que agradezco mucho, pero personalmente los prefiero del otro tipo.

Cuentan que hace muchos años, en la ciudad de Benarés, en India, vivía un hombre de mediana edad que buscaba el negocio perfecto para enriquecerse lo más rápido posible. Toda empresa honesta que iniciaba le parecía insuficientemente lucrativa, hasta que un día, paseando por una de las calles del centro, vio a un mendigo muy delgado y ciego sentado en posición de loto pidiendo limosna. El hombre le alcanzó una moneda y este levantó un pequeño y sucio cartel que decía «gracias», indicando de esta manera que otra de sus desgracias era ser mudo. De pronto, al hombre se le ocurrió el negocio que tanto había esperado. Llevó al mendigo a su casa, lo aseó, le compro impecable ropa blanca, peinó sus cabellos y su larga barba. Cuando hubo terminado, lo instaló en el centro de su sala sobre un hermoso y mullido cojín de terciopelo rojo. El mendigo se había transformado en un verdadero gurú, por lo menos en apariencia. Rápidamente, llamó a sus amigos y familiares contándoles que había sido bendecido con la presencia de un gran maestro que tenía increíbles poderes de sanación y solo se comunicaba con él por vía telepática. La gente empezó a acudir a conocer a este gran gurú y muchos decían que salían muy aliviados luego de meditar algunas horas ante su presencia. Hasta una persona que estaba en silla de ruedas por más de diez años se levantó y caminó, y todos gritaron: «Milagro, milagro». Su fama crecía día a día del mismo modo que las donaciones y ofrendas. Finalmente, el hombre de negocios cumplió su sueño y se volvió un gran millonario. Un día, apareció ante su puerta el gran maharajá de Benarés, hombre inmensamente rico, además de sincero y piadoso, conocido en todo el país por su alma generosa y desprendida, que seguía el sendero espiritual. Se presentó delante del «discípulo» del gran gurú y le contó que después de haber compartido con grandes maestros en toda India, sentía que su vida estaba atascada y necesitaba revitalizar su fe. Fueron juntos ante el gurú y, después de unos minutos de estar sentados en silencio, el «discípulo» dijo: «Dice el maestro que llevas una hermosa vida espiritual y te hallas muy cerca de encontrar la iluminación, pero solo te falta pasar la prueba más difícil de todas: la renuncia total». El maharajá se retiró y meditó durante toda la noche sobre las palabras del gran maestro. Al día siguiente, volvió a ver al gurú y le dijo: «He reflexionado profundamente y he llegado a la conclusión de que usted es un sabio y hoy tengo claro el paso que debo dar». Y, haciendo una pausa, añadió: «He decidido dejar una pequeña fortuna para la subsistencia de mi familia y donar mi inmensa riqueza, con todos mis palacios incluidos, para que usted la administre y yo me siente a sus pies y empiece la vida de renunciante». El hombre de negocios casi no podía guardar la calma ante semejante declaración, pero se contuvo hasta que el maharajá se retiró anunciando que, de inmediato, se dirigía a hacer la transferencia de todas sus riquezas. El maharajá cumplió su palabra, se deshizo de todo cuanto poseía y pasó la noche en el bosque orando. A mitad de la noche, se le apareció el mismo señor Vishnu, quien le dijo: «He aquí un hombre de corazón puro. Yo te obsequiaré grandes y gloriosos días sobre esta tierra y, a partir de hoy, la gente te llamará 'el iluminado del bosque'. También tengo que decirte que aquel 'maestro' que venerabas no es un verdadero gurú. Es tan solo un mendigo y su 'discípulo' es un estafador que se aprovecha de la buena fe de la gente y, aunque no se den cuenta, yo los uso y ellos me sirven».

El hecho de que el mundo y el «camino espiritual» estén llenos de mentirosos no cambia lo esencial. Hay que aprender a confiar. Mil veces me han engañado, y mil y una volveré a confiar. No conozco otra manera, mi camino es confiar y abrirme, disolver todas las barreras, las protecciones.

En las últimas décadas de nuestra esplendorosa civilización, la ostentación de «nuestro camino espiritual» se ha convertido en una de las joyas más preciosas del ego. «Yo soy budista», «yo sufí», «yo también budista pero de otra rama», «yo del cuarto camino», «yo del quinto camino», «yo del camino rojo», y, así, el mercado ha encontrado su nueva mina en «la espiritualidad». Cientos y cientos de caminos y gurús, talleres de crecimiento y evolución —desde los más *light* hasta los más descabellados— compiten en el mercado de las almas incautas, así como miles de libros, muchos de ellos *best sellers* llenos de nada, solo de la muerte de miles de árboles convertidos en papel. Ahora, hasta la industria del cine hace rentables las películas espirituales. La espiritualidad está de moda.

Por otro lado, crece la demanda de millones de personas buscando algo que solo está en su interior pero que, ingenuamente, buscan afuera o en alguien que les venda un secreto, una formula, un ejercicio, un mantra, un «nombre espiritual», una canción o un libro que los haga felices y les cambie la vida. Están dispuestos a gastar, cada uno según su condición, enormes cantidades de dinero. Mientras no termines con tu autoengaño, serás presa de todo tipo de engañadores.

Conocí un hombre que se jactaba de haber gastado varios cientos de miles de dólares en cursos y talleres. Incluso, me habló de uno muy exclusivo con no sé quién, que valía como

30,000 dólares. Dos semanas en un lujoso crucero. Cuando me lo contó, no pude evitar preguntarme cómo habría sido antes de su costosa «transformación espiritual».

Me ha tomado muchos años llegar, felizmente y sonriendo, hasta el punto de deshacerme de tanta creencia inútil, de tanta mentira disfrazada de creencia, filosofía, método o camino espiritual. Un verdadero método evolutivo no se puede congelar, enlatar ni vender en un supermercado. Es más, hablar de «método evolutivo» ya es un absurdo mayor. Ambas palabras se contradicen por naturaleza. Evolución es vida y la vida no podrá ser alcanzada o entendida jamás por medio de ningún método. El método es para la mente. Hay método para aprender piano o para aprender chino, pero no lo hay ni puede haberlo para aprender la vida. El que diga que lo tiene es un estafador. Claro que es bueno desarrollar la mente y aprender piano y chino. Desarrollar la mente es parte del plan evolutivo, pero no lo confundas con tu evolución, con tu transformación, con el despertar de tu conciencia. El problema surge, nuevamente, cuando con aquella pequeña parte de nuestro ser llamada mente pretendemos abarcar, comprender y sistematizar el misterio de la existencia, de la vida.

Dentro de la absoluta relatividad de esta existencia, no creo en nada como algo inamovible o definitivo. Ni siquiera en mi propio cuento. Siempre lo cuestiono, lo replanteo, lo reinvento, pero sigue siendo el mismo. Al final, es tan solo una propuesta.

Cambio de eje

Al leer un libro donde se relatan las antiguas historias de las migraciones del pueblo hopi, no tardé en reconocer un profundo simbolismo escondido en la leyenda. De inmediato, se me ocurrió relacionarlo con el siguiente diagrama. Si nos ubicamos en el centro de esta rueda de medicina y nos decidimos a explorar las cuatro regiones del universo, el gráfico de nuestro recorrido podría ser el que se encuentra dentro del círculo.

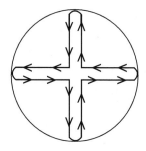

Los hopis cuentan que los cuatro clanes fueron enviados a las cuatro direcciones del universo con el propósito de obtener conocimiento, para luego reunirse nuevamente y compartir lo aprendido. Nuestra misión es llegar lo más lejos que podamos en el camino de cada dirección, encontrar la sabiduría, la medicina, el misterio y el poder de cada una, y luego hallar el camino de regreso hacia el centro y volver a partir, volver a comenzar la exploración de otra dirección, de otra dimensión.

Uno de los sucesos más importantes que nos ocurren en el desarrollo de estas «migraciones» son los cambios de eje. Relaciono el eje horizontal con la existencia y el vertical con el amor. Si seguimos este supuesto recorrido, al completar nuestra cuarta migración habremos cambiado cuatro veces de eje. Un cambio de eje representa un replanteamiento radical de nuestras prioridades.

Imaginemos que partimos en nuestra primera migración hacia el oeste, la dirección de la mente; su elemento es el agua y su palabra sagrada, «saber». Es el océano del conocimiento, de la personalidad. Iniciamos este camino con la mejor de las intenciones: obtener mucho conocimiento para ayudar a todos los hermanos. Pero a veces, es difícil determinar cuánto conocimiento debemos acumular o cuánto debemos desarrollarnos antes de empezar a compartir o a servir a los demás. Cuando uno dice «basta de crecer, ahora toca dar», puede estar empezando el camino de regreso de la primera migración. En esta segunda etapa, debemos dedicarle más atención a sentir que a pensar. La mente pierde espacio y es bueno empezar a conocer el otro lado del péndulo. Cuando de pronto sabemos que no es importante ganar más discusiones ni imponer nuestras ideas, si eso implica perder el contacto con ese hermoso sentimiento que emerge desde lo más profundo del ser, podemos decir que hemos realizado el primer cambio de eje. Una vez que esta dimensión del sentir está explorada, cuando nuestro *ser* ha podido ir en muchas circunstancias más allá de la mente y la razón, hemos aprendido a disfrutar del *sentimiento*. Entonces regresamos al eje de la existencia —segundo cambio de eje—, pasamos del sentir al hacer. Empezamos nuestra tercera migración. Recuperamos la importancia de la función mental, podemos pensar en buenas acciones y en proyectos que ayuden a equilibrar el mundo, y compartir con quienes no han sido tan afortunados como nosotros. Dejamos de creer que lo que sentimos es lo único importante y damos paso a una nueva dimensión del actuar, nuestra tercera migración. Siempre incluyendo todo lo aprendido anteriormente, logramos hacer sin hacer, hacemos pero no nos enredamos.

Luego, con el pensamiento y la acción purificados, en total armonía con lo que sentimos, empieza nuestra cuarta migración, hasta comprender el misterio de la cuatripartición después de caminar gran tiempo en esa dirección. Podemos decir que hemos completado nuestra cuarta migración y cerrado el círculo. Lo que sentimos, pensamos, decimos y hacemos es una sola cosa. Ya no importa si nos dedicamos a hacer grandes obras ni si vivimos en una cueva en los Himalayas o en la espesura de una selva amazónica. Nuestra existencia y nuestro amor han sido llevados al límite.

Hemos completado la gran vuelta de la rueda de medicina. Sin embargo, es bueno saber que no solo existe el giro de esta gran rueda —que probablemente nos tome una vida—, sino que, de forma fractal, hay miles o millones de pequeñas ruedas, que son pequeñas oportunidades de alinear estas cuatro manifestaciones: lo que siento, lo que pienso, lo que digo, lo que hago.

Confianza

Deja de leer unos segundos y siente lo que se mueve dentro de ti. No sé bien cómo llamarlo. ¿Energía?, ¿espíritu?, ¿vida? No importa. Se mueve y hace sentir muchas cosas. A veces, se mueve tanto que se expresa en lágrimas de emoción o de gratitud por la vida. En ocasiones el movimiento es rápido, en ocasiones es lento, pero cuando se detiene mucho tiempo nos enfermamos. ¿Qué detiene este movimiento?, ¿qué nos paraliza? Puede haber muchas causas aparentes, pero la raíz es frecuentemente el miedo. Muchas cosas nos pueden provocar miedo. Puede haber miedos de diferentes intensidades. Un miedo chico es una pequeña enfermedad; un miedo grande, una grande. La enfermedad o el miedo siempre serán una invitación a crecer en lo opuesto, que es la confianza. La confianza se opone al miedo como la luz a la oscuridad. Donde hay confianza no puede haber miedo, igual que donde hay luz no puede haber oscuridad. Es imprescindible aprender a confiar.

La verdad final, el propósito de la vida —hasta donde he podido entender— es sencillamente el amor. Tenemos que confiar en que el propósito de la existencia es el amor.

Todo lo que existe, existe por el amor y para el amor. Lograr que este amor incondicional se establezca en nosotros en todos nuestros niveles y que esta verdad nos acompañe en cada instante será nuestro intento para toda la vida. Cuando salgo de mi casa en una noche clara y veo esos millones de estrellas, mis ojos se humedecen ante el misterio. Contemplar tanta grandeza, tanta inmensidad. ¿Para qué hicieron todo esto? ¿Todo este derroche de energía hecho con tanta belleza y creatividad es simplemente producto del azar, del caos, o hay una inteligencia capaz de crear no solo millones de estrellas, sino también la intrincada y compleja trama de relaciones entre todo lo que existe? Todo, absolutamente todo, desde el pequeño virus hasta una gran galaxia, es parte de un solo todo al que llamamos creación, y esta creación esconde detrás de sí y más allá de toda su cruel apariencia el secreto mejor guardado al final de este laberinto:

el propósito de la vida es el amor y el amor es la vida. Debemos aprender a confiar en que esto es así.

Parte del gran error radica en que nos han hecho creer que «caímos» desde una posición «espiritual» elevada, que fuimos echados de un sitio privilegiado y que ahora estamos en lugar de castigo, privados de la presencia divina, casi como en un planeta-prisión. Cuando inventaron todas esas fábulas bíblicas sobre el origen del hombre, no lo hicieron con mala intención, pero el resultado fue desastroso. Este mito del paraíso perdido —sumamente negativo desde mi punto de vista— ha creado en el ser humano una especie de añoranza de una vida perfecta, llena de situaciones maravillosas, que nunca podemos lograr. Esto genera una permanente frustración que nos lleva a cometer transgresiones y, en algunos casos, a mostrar lo peor de nosotros para tratar de perennizar las buenas situaciones y vivir solo en el placer —uno de los lados de la dualidad— sin aceptar la vida tal cual es: amor y dolor. La vida tiene momentos duros y difíciles, que justamente están ahí para sacar lo mejor de cada uno, para lograr que, algún día, podamos expresar realmente el propósito de la vida: el amor.

Hemos ido creando casi sin querer una sociedad que es el imperio del miedo, al punto que hasta lo desconocido nos asusta. El miedo es la mejor manera de controlarnos los unos a los otros. Mirémoslo bien. Desde una percepción sana, lo desconocido no debería atemorizarnos, pero nos aterroriza. Nos asustan los extraños, los que son distintos, las religiones y culturas diferentes, y ni hablar de la muerte. No creo que alguien que se dedique a hablar de la muerte pueda ser escuchado durante mucho tiempo, sobre todo si no promete vida eterna y reencarnaciones. La actual cultura dominante solo nos ha enseñado a tener miedo y nunca a amar el misterio, lo desconocido; mucho menos, a confiar. El mundo, nuestros padres, nuestras escuelas nos enseñan a desconfiar para protegernos, para prevenir, no importa de qué o para qué, simplemente porque «es más seguro».

Poca gente tiene idea de todos los gastos que generan a un Estado las leyes de fiscalización para evitar la corrupción, ahora que está generalizada y afecta tanto a los países «en vías de desarrollo» como a los «desarrollados». Ella produce tanta desconfianza que hace que sean necesarios innumerables controles que están terminando por asfixiar las economías. La corrupción genera desconfianza, paraliza la sociedad y la enferma, mientras que la confianza hace fluir todas las energías, incluso la economía.

Desde la primera vez que alguien nos mintió o nos traicionó, se creó el patrón mental que nos enseñó a desconfiar para protegernos. Pero esta no es la salida. Mientras más cercos de protección ponemos entre la vida y nosotros, más nos apartamos de ella, más nos paralizamos, nos enfermamos. Hace ya muchos años descubrí que mi vocación es solamente confiar y que no hay otro camino. La solución no está en cerrarse, sino en abrirse. Claro que duele, pero no hay remedio.

Cuando finalmente nuestra energía se paraliza y nos enfermamos, se activa un sistema de emergencia que hace que a través del dolor nos sensibilicemos y podamos entender muchas cosas que antes no comprendíamos, sobre todo el mensaje curativo que emerge de nuestro interior: el por qué de nuestra enfermedad. Lo que necesitamos cuando nos enfermamos es detectar con la mayor claridad posible cuál es el miedo que nos está paralizando y a qué le tememos. Por otro lado, no es solo el miedo lo que nos paraliza y nos enferma. Muchas veces, es un profundo, sincero y visceral rechazo a determinadas situaciones que nos toca enfrentar y que se nos hace muy difícil manejar. El bloqueo de nuestra energía se produce justamente por una aguda contradicción: una parte de nosotros quiere una cosa y otra parte quiere otra. Muchas veces, no se trata solo de elegir una opción y descartar otra. A veces, es cuestión de resistir el tiempo necesario para que la vida misma ponga las cosas en orden, obviamente con nuestra ayuda. La gravedad de la enfermedad puede depender de qué tan largo e intenso sea este conflicto.

Toda curación proveniente de fuera solo será un paliativo y, después, la enfermedad regresará, probablemente con diferentes síntomas. La verdadera curación tiene que venir necesariamente del interior. Claro que podemos y debemos recibir todo tipo de ayuda, pero si no hacemos el esfuerzo de indagar en la profundidad con la máxima sinceridad por qué nos sentimos mal, el malestar seguirá tratando de manifestarse y de comunicar su mensaje de desagrado e insatisfacción a través de diferentes síntomas, hasta que le hagamos caso. Cuando la enfermedad se manifiesta, debemos percibir qué es lo que nos paraliza. ¿Qué es lo que no estamos aceptando? ¿Qué estamos rechazando? En ese momento debemos recurrir a todos los agentes capaces de movilizar nuestra energía y devolvernos el movimiento. Detengámonos un momento a considerar esto. ¿Qué es lo que nos mueve? ¿Qué agentes causan un movimiento en nuestro interior?

Ciertamente, todo nos afecta de distintas maneras y con diferente intensidad. Podemos escuchar una canción o algo cómico, leer un poema o un libro que nos haga pensar y sentir, hacer un viaje, recibir el amor de nuestros amigos o de nuestros seres más queridos. Todo ello tiene la posibilidad de devolvernos el movimiento y ayudarnos a recuperar la salud. Del mismo modo actúan los demás remedios y terapias. Todos apelan a movilizar nuestras energías, desde la acupuntura hasta los remedios florales e, inclusive, los remedios químicos. La diferencia está en que las diversas terapias exigen distintos niveles de participación del paciente. Las naturales son las más recomendables pues motivan y reclaman la presencia del médico interno, mientras que las medicinas químicas tornan más pasivo al enfermo, y su abuso termina debilitando el sistema inmunológico.

El mito de la comunicación

Las palabras pueden ser como unas cajitas vacías que nuestros padres nos entregan cuando somos niños y que la vida se encarga de colorear y llenar de contenidos. Muchas veces, en la comprensión de nuestras relaciones con las otras personas, asumimos que las palabras significan lo mismo para todos. Esta es una de las tantas y grandes mentiras o imprecisiones sobre las que construimos nuestras vidas: asumimos que el significado que le damos a una palabra es el mismo para nosotros que para los demás. La importancia del lenguaje no debe ser solo preocupación de lingüistas o filólogos, sino de toda persona que tome seriamente la responsabilidad de intentar comunicarse con otro ser humano.

Cuando hablo con alguien, concentro toda la atención e intensidad de que dispongo, como si estuviera en un lugar sagrado y delante de un poderoso altar. Trato de *no* conversar superficialmente. Por eso, puede suceder que, a los pocos minutos de iniciar una conversación con personas que recién conozco, de pronto me vea en el mismo centro de sus vidas escuchando sus secretos mejor guardados. Muchas veces, sus ojos se humedecen o se llenan de lágrimas por este contacto profundo, de ser a ser, y los siento decir: «Por fin alguien me vio, alguien me tocó, alguien me escuchó, alguien que no me quiere convencer, manipular, controlar; alguien que no me quiere vender nada». Entonces, se produce un momento muy sagrado. He buscado durante años la palabra clave que permita que las relaciones recobren su real y sagrada naturaleza. Dos seres humanos deben sentarse juntos a *compartir*, no a tratar de someterse. Muchas veces, cuando se percibe que alguien no tiene la intención de imponer su propia visión, se cree que es débil o que no tiene las cosas muy claras. Por el contrario, para mí se trata de un respeto profundo y coherente con este planteamiento: he venido a compartir y a proponer.

Volviendo a las palabras, decía que nos equivocamos asumiendo que estas tienen el mismo significado para todos. Veamos algunos ejemplos. Cuando queremos agradecer, decimos «gracias». Sí, pero ¿qué significa esto? Para unos, será una palabra vacía, sin emoción, una formalidad social; para otros, será lo que colme el corazón de bendiciones. Tomemos la palabra «amor». ¿De qué amor estamos hablando? Cada uno lo entenderá según su propia capacidad de amar y con relación a su propio y condicionado amor. Tomemos la palabra «hijo». Para algunos, será la razón más sagrada de la existencia, la fuerza más grande para ser felices y transformarse; para otros, puede ser uno más entre los límites a su «libertad», un obstáculo en su carrera o algo que se puede abandonar sin más ni más. Siempre hay que recordar esto con el fin de mejorar nuestra comunicación y tomar precauciones para lograr transmitir realmente lo que queremos.

Otra cosa importante que solo se da en la comunicación interpersonal es la necesidad de una relación emocional positiva con quien que escucha. Si no, toda palabra puede ser tomada en el peor sentido. Lo he visto en muchas parejas con muy mala relación. Cualquier palabra puede ser interpretada de la peor manera. Si la persona está enemistada o indispuesta con nosotros, es mejor esperar otro momento. Lo ideal para transmitir algo es lograr primero un ambiente relajado, incluso de cariño sincero. Si no, los patrones mentales de quien escucha distorsionarán gran parte de lo que decimos. Además, la mitad o más de la mitad de lo que queremos decir no se transmitirá a través de las palabras sino de nuestra vibración, por lo que es imprescindible invocar desde el inicio una actitud humilde.

Ahora, demos una mirada a todo el proceso de la comunicación. No todo lo que deseo comunicar está en palabras, tal y como suenan en mi mente. Hay percepciones, sensaciones, intuiciones que deseo comunicar y, primero, necesito codificarlas, traducirlas a mis palabras. Pero recordemos que las palabras tienen un significado especial para cada uno, así que por más que trate de contextualizarlas para que tomen mayor definición, mayor claridad, siempre serán *mis palabras* y siempre necesitaré más palabras para explicarlas. Luego, *mis palabras* son cargadas nuevamente de significado por quien las escucha, según su experiencia, y luego traducidas a sensaciones, percepciones, intuiciones, etc., además del filtro que representa la carga subjetiva que permite estar de acuerdo o no con esas palabras. Así que, finalmente, es verdaderamente poco lo que podemos captar del intento que otro ser hace de transmitir. Mejor tomarlo como poesía. Un amigo decía: «En lo único en que estamos de acuerdo es en que no estamos de acuerdo en nada, pero eso ya es un buen acuerdo». Por lo menos era sincero.

Gran parte de los intentos de comunicación se dan desde un deseo inconsciente de manipular al que escucha, creyéndolo lo suficientemente tonto como para no poder descubrir los intereses ocultos, ni la incoherencia, ni el autoengaño de quien intenta transmitir. ¡Tenemos que decidir! ¿Queremos comunicarnos o queremos jugar billar a tres bandas? No estoy diciendo que siempre haya mala intención, sino que mientras la persona que intenta comunicarse viva todavía en un profundo autoengaño, no habrá comunicación, sino una burla. Una de las cosas que más me han sorprendido a lo largo de toda mi vida es todo el daño generado por los malentendidos. Cada uno escucha lo que quiere escuchar, o no escucha lo que no quiere. Por eso, cuando uno realmente quiere entender, lo hace aunque se lo expliquen al revés.

Estas aparentes dificultades en la comunicación no le quitan totalmente el sentido ni invalidan el intento. Debe ser un arte sagrado y hay que practicarla. Por otro lado, también existen personas que —gracias al cielo— sí manejan significados similares para las mismas palabras y con las que, en distinta medida, podemos intentar comunicarnos.

Una amigo llamado «el caminante», pone en una pincelada todo este palabreo sobre las palabras. Al final de una ceremonia de ayahuasca, que había comenzado con un inspirado y florido rezo en el que trataba de transmitirle muchas cosas que pensaba y sentía, me dijo con una sonrisa: «Aunque todo lo que has dicho es irrelevante, aun así, estoy de acuerdo». Captaba de manera fabulosa y sorprendente el verdadero mensaje detrás de toda palabra bien intencionada: el amor, la unidad.

Somos como guijarros que venimos rodando por el río de la existencia, chocando y transformándonos los unos a los otros, como un suceso inevitable, sin ninguna mala intención. Agradezcamos mucho todos los golpes a nuestros amigos y, especialmente, a los no tan amigos, a todas las voces que en algún momento trataron de proponernos algo, que no ignoraron nuestra ignorancia. Necesitamos llegar a un lugar real y profundo que nos sirva para ponernos de acuerdo y, realmente juntos, construir una mejor sociedad. Necesitamos redefinir muchas palabras para que las más importantes vuelvan a tener, si no el mismo, por lo menos un significado similar para un número importante de personas.

Capítulo II

La gran dualidad

Imagen del conocido Lanzón de Chavín de 4,000 años de antigüedad, que expresa la dualidad manifestada: con una mano señala al «padre» cielo y con la otra a la «madre» tierra.

Pachamama y Pachakamaq

Entiendo la palabra «Dios» como la causa sin causa, el creador de la gran dualidad. *No hay más realidad que Dios y, sobre todo, no hay más Dios que la realidad.* Me alegro de vivir en estos tiempos y de no tener miedo de publicar esta frase. Las culturas «primitivas» en América la vivieron en toda su dimensión y profundidad. Mis «abuelos» del Tawantinsuyo no tuvieron tanta suerte. A muchos los torturaron por seguir afirmando que el Sol es nuestro padre y la Tierra nuestra madre. Crearon religiones para los pueblos basadas en el entendimiento de una retroproyección fractal de la realidad. Es decir, luego de observar cuidadosamente la realidad, se atrevieron a inducir cómo y cuáles son las raíces del gran árbol de la existencia. Basaron su religión y su visión metafísica en la realidad observada, entendiendo —a través del principio de la fractalidad— cómo las energías primordiales descienden plano tras plano, nivel por nivel, desde los arquetipos —como el gran Padre y la gran Madre— hasta sus últimas proyecciones en los confines de la creación: Sol y Luna, cielo y tierra, nuestro padre y nuestra madre, hasta llegar a nosotros, creando nuestra mente y nuestro sentimiento, lo masculino y lo femenino.

Los antiguos sabios andinos crearon una religión natural por analogía: «como es abajo es arriba». Al ver que en la naturaleza casi todo tiene padre y madre, entendieron que el universo no podía escapar a este principio. Al gran padre lo llamaron Pachakamaq, el hacedor del Tiempo, y a la gran madre, Pachamama, la madre del Espacio. Con estos dos conceptos nos dan un alcance de la profundidad de sus meditaciones y de su entendimiento, remitiéndonos no a personajes de fábula, sino a las realidades últimas que conforman la existencia: Espacio y Tiempo.

El vocablo *pacha* en *runasimi* —la lengua de los quechuas— podía significar ambas cosas; a veces era 'espacio', a veces 'tiempo', a veces 'espacio-tiempo'. Me pongo en la fila de todos los seres humanos que nos reconocemos como hijos del amor entre el Espacio y el Tiempo, la pareja divina. A partir de esto, entiendo a Pachamama como «la madre de todo el universo»; en realidad, como el universo entero y no solo como la madre tierra, versión disminuida de la actualidad. Claro que es la madre tierra también. Incluso la tradición, aún en estos días, enseña a reconocer y a honrar a la «pachamamita» del lugar donde uno vive, aquel pedacito de tierra que nos sostiene y nos provee el alimento. Pero es eso y mucho más: no solo todo lo femenino en el planeta es Pachamama, todas las mujeres y madres, sino todo individuo como creación es también parte de Pachamama.

La paridad

Uno de los aportes más grandes de la cultura del Tawantinsuyo a la cultura universal es su visión dualística del universo, de todo lo que existe, que está plasmada en abundante iconografía desde sus comienzos, en esculturas de piedra, cerámica y abundante textilería. Lo que para mucha gente eran simples diseños ornamentales, para los que conocían un poco más la tradición eran el recordatorio constante y permanente de que en este mundo al que denominamos *Kay pacha*, todo es dual, todo tiene dos lados.

La realidad está compuesta por dos visiones opuestas y complementarias, recordándonos que las cosas no son solo como nosotros las vemos, sino que tenemos que incluir necesariamente la visión opuesta y complementaria. La fuerza

47

de estos símbolos tiene la capacidad de penetrar cualquier mente, por más dura que sea, y de abrirse paso hasta el corazón.

Desde un pasado remoto, un cuestionamiento perpetuo: ¿cuál es el fondo y cuál la forma?, ¿quién está de cabeza?

Durante varios años, contemplé, casi sin querer, este símbolo que está pintado en una pared de mi casa, frente al lugar donde suelo sentarme. Al cabo de unos meses, estos «patitos» —así los llamo familiarmente— comenzaron a hablarme y, ahora, son «mis maestros». ¿Cuál es el fondo y cuál la forma? ¿Estoy viendo las cosas bien o las estoy viendo al revés? Son preguntas que no deberían abandonarnos nunca. Por más que creas que estás viendo bien las cosas, siempre habrá una visión opuesta y complementaria como parte de la realidad.

La realidad simbólica

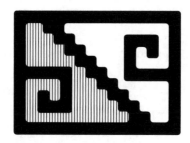

Tokapu inca que representa la escalera
—el Espacio— y el espiral —el Tiempo—.

Cada vez que contemplo este símbolo *(escalera y espiral)* que a mi entender es a la vez el más simple y uno de los más sagrados, no dejo de maravillarme y de agradecer a los hombres que vivieron hace miles de años en América y eligieron esta maravillosa opción para transmitir su profundo entendimiento de la vida. La comunicación a través de símbolos no es —como quieren verla algunos académicos— una limitada forma de expresión, inferior y antecesora de la escritura, sino todo lo contrario. El símbolo es una forma imperecedera de expresar simultáneamente un concepto racional ligado inseparablemente a una imagen emocional. Máxima sabiduría. Esto lo sabían los antiguos desde antes de que dejáramos de sentir, desde antes de que existiera la palabra «ciencia». Cuando un ser humano recobra el equilibrio, vuelve a ser sensible ante el poder de estos símbolos; los símbolos hablan.

Sello de cerámica mexicano.

49

El símbolo de la escalera y el espiral no estuvo solo en América del Sur, sino que lo encontramos también en Centro y Norteamérica. Este es todavía el símbolo del sacerdocio de Quetzalcoatl. Muchas culturas americanas compartieron grandes símbolos y entendimientos. He escuchado todo tipo de interpretaciones sobre él, pero la que encuentro verdaderamente trascendente es la que entiende la escalera como representación del Espacio y el espiral, como imagen del Tiempo. El Tiempo y el Espacio unidos en un solo símbolo. Pachamama y Pachakamaq juntos. De igual manera, en el norte los aztecas llamaban a su principal deidad Ometeo, composición de palabras que expresan medida y movimiento. Obviamente, estaban hablando de lo mismo: medida se relaciona con espacio y movimiento, con tiempo.

El altar del Qorikancha

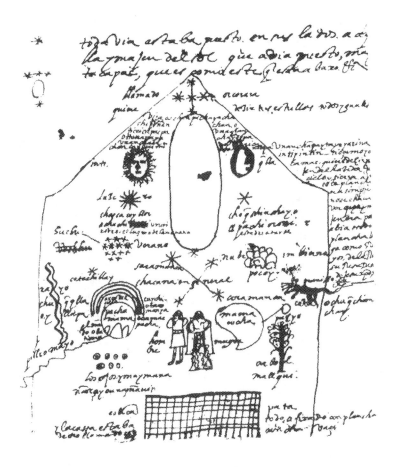

Representación del altar mayor del templo del Qorikancha en el Cusco, según la crónica de Juan de Santa Cruz Pachacuti.

Siguiendo esta misma concepción dualística, luego de entender la paridad de todo lo que existe una vez manifestada la creación, los sabios del Tawantinsuyo dedujeron que, después de la dualidad original —Pachamama-Pachakamaq—, existía una serie de niveles a través de los cuales venían descendiendo y expresándose estas dos energías hasta llegar a la humana expresión y manifestarse en ella, nuevamente, como la última dualidad: razón y sentimiento. El altar mayor que se encontraba en el templo principal del Cusco no podía sino reflejarlo: todos los niveles de la manifestación expresándose en forma de paridades jerárquicamente ordenadas. Al lado izquierdo lo femenino; al derecho, lo masculino. Somos seres formados por estas dos energías que se manifiestan en nosotros como nuestros sentimientos y nuestra mente. Debemos reconocerlo e indagar qué significa concretamente esto en nuestra vida.

No me siento en capacidad de hacer ningún comentario sin caer en especulaciones sobre lo que significaron estos símbolos hace más de 500 años, pero sí creo que puedo plantear algunas reflexiones que ayuden a meditar sobre puntos no muy claros en este diagrama, que tomo como una valiosa referencia pero que no puedo aceptar como la verdadera cosmovisión del Tawantinsuyo.

Lo primero es que —aun asumiendo la impecable intención de quien pretendió transmitir con absoluta fidelidad la información sobre esta cosmovisión— cabe la posibilidad de que este documento no corresponda exactamente con la realidad. Es decir, que el 100% de los datos que transmite no coincidan con el altar real que se encontraba en el Qorikancha antes de la invasión. Aunque no hay fecha exacta de la publicación de la crónica que contiene este documento, se la ubica aproximadamente unos 100 años después de la destrucción del templo. Esto quiere decir que es muy poco probable que el autor haya contemplado con sus propios ojos el mencionado altar. De ahí se deduce que pudo haber sido alguna persona de más edad quien le transmitiera esta información, lo que aumenta geométricamente las posibilidades de cualquier error, aunque involuntario.

Un punto de consenso sobre el espacio circular y vacío —que en el altar original era un disco de oro puro— es relacionarlo con el gran creador Wiraqocha, a quien el mismo cronista llama «el hacedor, el verdadero Sol». Dejarlo justamente en blanco simboliza lo incognoscible de su misterio. Queda más que claro

—por lo menos en este dibujo— que Wiraqocha representa la unidad, pues es el único elemento sin contraparte dentro del sistema de paridades que allí se expresa. Este dato refuerza vigorosamente nuestra posición de que Wiraqocha es el principio neutro no polarizado y de que es un error confundirlo con el principio «masculino» Pachakamaq.

Lo siguiente que llama mi curiosidad es que, inmediatamente después del gran creador, se encuentran las figuras del Sol y la Luna, que representan también una dualidad mayor pero no la máxima, como serían Pachamama y Pachakamaq —el cual brilla por su ausencia—. Y lo tercero es que encontramos una versión de Pachamama muy abajo en la jerarquía y del lado masculino. Hay una interesante interpretación de este hecho en el libro *Luna, Sol y brujas* de la antropóloga Irene Silverblatt. Ella señala que poner en posición de menor importancia a la deidad principal de la mayoría de etnias andinas —Pachamama, en todas sus versiones locales— pudo haber sido una estrategia en la última etapa del periodo inca para afianzar su posición dominante al reivindicar el origen solar de su dinastía.

Haciendo un bravo esfuerzo para no caer en la especulación, lo dejo todo entre signos de interrogación. Prefiero ser muy prudente y hasta suspicaz antes que atreverme a basar toda la cosmovisión andina en un documento que no es de primera mano y que representa tan solo la última parte de lo que llamamos el Cuarto Tawantinsuyo, la época inca.

Unidad y diversidad

Recordemos unos instantes nuestro ejemplo fractal (página 22) del segmento que se divide en dos, luego una de las mitades nuevamente en dos y así sucesivamente. A través de esta imagen reconocemos estas energías opuestas y complementarias que expresan dos códigos o dos directrices contrarias: una, mantener el concepto de unidad en toda la creación y por lo que dure la eternidad; y la otra, expresar al infinito la diversidad.

Relaciono la unidad manifestada con el Tiempo, Pachakamaq, el principio masculino; y la diversidad, con el Espacio, Pachamama, el principio femenino. Sin embargo, me he preguntado cómo y cuándo se invierten los valores al tocar la esfera humana, pues dentro de nosotros la unidad y el sentimiento se asocian natural y espontáneamente con lo femenino, y lo racional y la mente, con la diversidad, con lo masculino. No quiero omitir que, en este punto, me sentí realmente confundido, pues todo el sistema de asociaciones fluía de forma perfecta hasta llegar al ser humano, donde los conceptos se invertían. ¿Acaso será el sentimiento parte del arquetipo masculino y la razón, del femenino? Todas las observaciones nos dicen lo contrario. La mujer congrega, reúne, busca la unidad, la familia, mientras que el hombre suele tener una posición mucho más individualista. Además, es evidente que el sentimiento une y la mente separa. Cuando creí todo perdido, de pronto me vi rescatado de las fauces del conflicto y la lógica dual, y recordé que estaba escribiendo sobre la cuatripartición. Tenía que haber otras maneras de abordar el impase.

La maestría del símbolo del Ying Yang explica mejor que mil palabras esta transformación del principio de diversidad de femenino en masculino. Aun los supuestamente absolutos están sujetos a procesos de transformación, donde definitivamente, luego de un tiempo, manifiestan la naturaleza contraria. El punto blanco dentro del espacio negro va a crecer hasta invertir exactamente la proporción, así como el punto negro dentro del espacio blanco crecerá hasta convertirse en lo opuesto. Tampoco debemos olvidar que ambos están girando dentro del círculo, lo que los obligará a ocupar siempre el lugar del otro. Vaya paradoja, nos desafían a lograr una mente sensible y un sentimiento sabio.

El milenario libro del *Yi Ching* o *Libro de las mutaciones*, que estudia precisamente las relaciones entre lo activo y lo pasivo, lo masculino y lo femenino, al ser consultado como método oracular nos permite construir un hexagrama o conjunto de seis líneas, donde cada línea puede ser de cuatro tipos y expresar cuatro energías diferentes relacionadas también con los siguientes valores numéricos:

6 representa la línea viejo ying
7 representa la línea joven yang
8 representa la línea joven ying
9 representa la línea viejo yang

Las líneas «puras», denominadas viejo ying y viejo yang, están llamadas a convertirse en sus opuestos debido a las tremendas tensiones internas que representan. Viejo ying se convierte en joven yang y viejo yang se convierte en joven ying.

La mente

«...cuando la mente se vuelve del color de la vida».

La mente no es un demonio que exorcizar, un monstruo que domar, algo que someter. Si se le utiliza bien y se le comprende, también puede ser vista como algo hermoso, como una fuente inagotable de creatividad, imaginación y poesía. Lo que nos esclaviza se convierte en aquello que nos libera y lo que nos libera se vuelve aquello que nos esclaviza, incluidos la mente, las religiones y los caminos espirituales. La mente también es un mecanismo, un sistema de percepción. No podemos echarle la culpa al fabricante si usamos mal la máquina porque no la comprendemos.

Ahora que la mayoría conoce el funcionamiento básico de una computadora, es más fácil entender la mente humana. El cerebro es el *hardware* —incluidas las redes neuronales— y el *software* es «la manera de pensar». Cada ser humano tiene un *software* único y personalizado, en algunos casos con versiones muy antiguas y, en otros, con las actualizadas; y mejor ni hablar de los que tienen virus y no se dan cuenta.

La mente es un instrumento muy fino y maravilloso, pero necesita siempre algunos ajustes. También hay que considerar —y esto es parte de su mágica naturaleza— que cuenta con su propio sistema de perfeccionamiento. Lo que hay que saber es que este es opcional, se activa mediante la conciencia y la voluntad, y no es ni puede ser mecánico ni automático. Por eso, no puede haber formula mágica, rito ni *mantra* mecánico para la evolución o el autoconocimiento. Cada uno debe adaptar las enseñanzas a su propia realidad.

Mayormente, confundimos el desarrollo intelectual de la mente con su evolución. Creemos que la «vida», nuestros padres, la escuela, la sociedad, la universidad, son suficientes para garantizar el completo desarrollo de nuestra mente, pero no es así. Todas estas influencias solo la desarrollan en parte, en un solo sentido, es decir, hacia afuera, pero no hay nada ni nadie en la sociedad que nos indiquen que también hay un desarrollo hacia adentro. Podrás tener 60 años, ser un gran filósofo, un físico quántico o tener cualquier otra profesión, pero tu mente puede seguir siendo la de un niño egoísta, incapaz de ver y aceptar su propia incoherencia. En tu interior, las emociones te manejan, te desbordan y no sabes qué hacer con tu dolor, así que lo metes en un baúl, lo entierras, tratas de olvidarlo y aprendes a vivir solamente en la superficie. Pero él estará siempre allí esperándote hasta que decidas aceptarlo y curarlo para siempre.

La mente no solo es ese monstruo que muchas religiones enseñan, también es un niño tierno, desprotegido y casi abandonado por la vida, que solo aprendió a ganarse el pan en las calles y que no pudo desarrollar plenamente todo su potencial como ser humano. El ayahuasca me mostró ese niño y decidí criarlo, protegerlo, alimentarlo, enseñarle, comprenderlo y amarlo. Entender mi mente como si fuera realmente la mente de un niño me ayudó mucho a comprenderme y, sobre todo, a comprender a los demás. Cada día me volvía un poco más tolerante en mis apreciaciones, pues veía a todos los seres humanos en las diferentes etapas de evolución de este niño-mente.

Me parece ridículo juzgar el comportamiento de alguien que cumple perfectamente su rol dentro de su etapa evolutiva; tanto como juzgar el comportamiento de mi hija de dos años cuando contesta el teléfono —lo hace lo mejor que puede—. En todo caso, sería un problema si, al llegar a los 30 años, ella continuara comportándose de la misma manera. Y eso es lo que mayormente nos pasa.

En este momento, recuerdo las palabras «el hijo del hombre». ¿Qué nos habrá querido decir?, ¿será tal vez el hijo de la mente?, ¿aquel que reeduca su propia mente? La palabra «Cristo» viene del griego y comparte la misma raíz que la palabra «cristal». Según la tradición, Cristo no era un nombre sino un título, un nivel al cual se llegaba. Esto puede significar que se otorgaba el título de Cristo a aquel que lograba la cristalinidad, la transparencia de la mente. Percibimos parte de la realidad a través de la mente. Si vemos la mente como un cristal a través del cual miramos la realidad, cada ser humano posee un cristal personalmente teñido y con un diferente grado de distorsión respecto a la «realidad». Por eso, es inútil tratar de convencer a alguien de que vea las cosas como nosotros. Cada ser ve su teñida y distorsionada realidad así como nosotros vemos la nuestra. Hasta quienes se creen «maestros iluminados» ven su relativamente teñida y distorsionada realidad. Todo es cuestión de grados y niveles. Lo que ves, ves. Lo que no ves, no ves. Y lo que tú no ves, ¿acaso no existe?

Pero esto no significa resignarnos y dejar las cosas como están. Sería bueno que cada uno se ponga a limpiar la ventana a través de la cual mira la vida y no se esté fijando en cuán sucias están las del vecino. Tal vez, algún día veamos más o menos lo mismo. Sería divertido saber si realmente estamos viendo la misma película. Que cada uno limpie su cristal.

De manera curiosa, la mente trabaja en muchos sentidos como los cristales. Una de las propiedades de nuestra mente es la capacidad de separar o descomponer la realidad única en sus diferentes elementos. Como el prisma descompone la luz en sus siete colores, nuestra mente tiene esa capacidad llamada analítica, que nos permite descomponerlo todo, analizarlo en sus partes y seguir así hasta donde pueda. Estos tiempos son el perfecto ejemplo del análisis y la especialización. Hemos logrado tal nivel de especialización en las profesiones, que a veces resulta difícil la comunicación entre dos personas de diferente especialidad. No estoy en contra de la especialización ni del análisis, siempre y cuando seamos conscientes del proceso opuesto y complementario, que es la síntesis.

Necesitamos dar el gran salto en nuestra mente como humanidad y ya no solo en forma individual, como ha venido ocurriendo desde los inicios del tiempo. Dar el salto a la simultaneidad en forma colectiva. Debemos desarrollar el pensamiento analítico pero también el sintético, tener la capacidad de observar la realidad de «afuera» pero también la de «adentro», desarrollar el pensamiento pero también el amor. El ser humano es razón y sentimiento.

Creo sinceramente que la imagen de la mente como un cristal es una de las mejores analogías para describirla. Imagínate que vuelves a ser niño y te acercas a estas grandes vitrinas que tienen las tiendas delante de sus lindos objetos. Te acercas tanto al vidrio con el propósito de ver mejor o de estar más cerca de las cosas que tanto deseas, que terminas aplastando tu nariz, como suelen hacer los niños. La realidad es muy parecida. Tú eres el niño y el gran cristal es tu mente. Cuando estás totalmente pegado al vidrio —a la mente— ves muy bien los objetos y, por un momento, te olvidas de que el vidrio está delante. Si estás totalmente identificado con la mente, no reconoces su existencia ni sus límites. Pero si tomas un poco de distancia, no solo sigues viendo los objetos detrás del vidrio, sino que ves el vidrio y también los objetos; y si te retiras un paso más atrás, ya no solo ves el vidrio y los objetos, sino que empiezan a aparecer tu reflejo —tu verdadero ser— y todo lo que está detrás. El momento en que puedes ver los objetos, el vidrio, tu reflejo y lo que pasa detrás es lo que algunos denominan iluminación. Prefiero usar las palabras «estar despierto» o «consciente». Todo el trabajo apunta a que resuene en ti el deseo de ser consciente, lo que muchos llamamos *despertar al testigo*. El primer paso es reconocer que la mente es parte de mí, pero que yo no soy solo la mente.

Una mente que ha madurado y evolucionado se ha sutilizado, se ha vuelto fina, ágil, flexible, finalmente «sensible». Ha perdido el miedo a experimentar lo desconocido, ya no necesita recurrir a la violencia, a la fuerza o al engaño para hacer prevalecer su criterio. Por el contrario, esa mente aprendió a escuchar atentamente hasta las posiciones totalmente contrarias —especialmente estas— pues sabe que puede quedar presa en su totalitarismo y dejar de ver lo verdadero y lo esencial en cada situación. Pero este tipo de mente no siempre existió y, en los comienzos de la humanidad, de hecho, fue más escasa. Solo la lograron unos cuantos y muy esporádicamente. Con el tiempo esto fue cambiando, los intervalos fueron cada vez menores y ahora estamos ante la puerta del gran fenómeno de este siglo: la mente sensible.

En los tiempos de nuestros antepasados cromagnones, el jefe no era necesariamente el más sabio o el de mejores ideas. Mayormente, era un tipo alto, con un poderoso brazo capaz de levantar un pesado garrote que pudiera aplastar de un solo golpe las ideas y el cráneo de su opositor. Así pudo haberse establecido el primer patrón de liderazgo. No solo había que tener una buena idea, sino los medios para hacerla prevalecer. Por cuestiones totalmente inherentes a nuestra especie, el macho del género humano es —por lo general— ligeramente más grande y más fuerte que la hembra. Por ello, se reprodujo este mismo patrón cavernario desde las cuevas hasta nuestros hogares y, en el camino, se forjaron muchas culturas y sociedades, evidentemente incluidas las religiones.

El sentimiento

La propuesta con relación a la dualidad básica expresada en el ser humano, a través de la mente y el corazón, o de la razón y el sentimiento, necesita buscar amplios consensos para compartir la redefinición de algunas palabras importantísimas porque son la base de esta nueva visión del Quinto Tawantinsuyo. La primera palabra que propongo redefinir y precisar es la palabra *sentimiento*.

Es necesario terminar de leer estas páginas para poder comprender el bosquejo general de lo que se pretende transmitir, antes de someterlo a cuestionamiento. El *sentimiento* es para mí *el* sentimiento. Esto quiere decir que no son dos ni tres ni cuatro, sino *el* sentimiento, único y sagrado. Y este solo puede ser definido con la palabra Amor y es, a la vez, el representante del arquetipo de la unidad. Está invariablemente en el corazón de todo lo que existe. Este sentimiento-amor es la perfecta expresión del amor de quien diseñó y creó toda la manifestación. Fue puesto en el corazón de todos los seres como el regalo más grande que un padre y una madre pueden darle a sus hijos: un pedazo de sí mismos, para que nos comuniquemos, para que nos encontremos, para que recordemos que, en esencia, todos somos lo mismo; que, en la unidad, somos lo mismo. Esta es la clave mediante la cual podemos reconocernos en la igualdad.

La unidad básica se divide a sí misma en dos partes. Una sigue representando la unidad, la otra representa la dualidad. En esta visión apoyada por la tradición, el corazón está relacionado con la unidad y, en concordancia con todos los otros atributos de esta parte de la dualidad, está relacionado también con la inmutabilidad. Por eso, el amor es único y no ha cambiado desde el comienzo de la creación. El mismo amor con el que todo fue creado estuvo siempre en el corazón del primer hombre y de la primera mujer que caminaron sobre esta tierra y es exactamente el mismo que está en tu corazón y en el mío. No hay diferencia entre un amor y otro, no hay «calidades» de amor. El amor es único e incondicional. Lo sientes o no lo sientes.

¿Qué pasa con todo lo demás que pensábamos que eran «sentimientos»? Según este enfoque, todo lo demás son emociones y están en la mente. Esto no quiere decir que necesariamente sean buenas o malas, o que hay que desestimarlas. Las emociones son de todo tipo, de diferente intensidad y son parte de nuestra realidad.

Llegar a un buen acuerdo sobre la redefinición de la palabra «sentimiento» me parece algo fundamental para lograr mayores acuerdos. Es importante liberarla de toda connotación negativa como la que se le da en el uso diario. No decir más «siento pena» o «siento cólera», ni siquiera «siento alegría». Este entendimiento plantea que yo no siento nada de eso y solo siento amor. Lo que deberíamos decir es «tengo pena en mi mente» o «tengo pensamientos de cólera o de envidia» o, simplemente, «estoy alegre». El sentimiento será siempre uno, puro, inagotable, indestructible, inmutable y eterno en el corazón de cada ser, mientras que las emociones de la mente serán la expresión de la diversidad, siempre muchas, siempre cambiantes. Podrán ser positivas o, a veces, negativas; no las juzgamos, solo las observamos como una realidad, para que cuando las cosas estén lo suficientemente claras, logremos cambiarlas.

Ahora ya podemos seguir conversando, tenemos algo grande en común, mi sentimiento es exactamente igual al tuyo, tú amas tanto como yo, nuestra diferencia no está en nuestro sentimiento, sino en nuestra mente. Y esta diferencia no tiene por qué ser una barrera insalvable entre nosotros. Por el contrario, es la oportunidad de atrevernos juntos a contemplar, celebrar y honrar el misterio de la vida que es la diversidad expresada en nuestras diferencias. Esto siempre fue, es y será la esencia del Tawantinsuyo.

Mi mente no tiene odio para quien no cree lo que yo creo. Odiar a alguien por pensar diferente suele ser un problema frecuente para quienes no tienen las cosas claras sobre qué es lo que nos une y qué es lo que nos separa. Por eso, no pretendo convencer a nadie, solo desplegar mi propuesta como una alfombra ante tus pies. Si te sirve, úsala.

Es frecuentemente usado el patrón mental que hace que tengamos odio o, por lo menos, que no apreciemos a quien tenga ideas contrarias a las nuestras, sobre todo por cuestiones políticas y religiosas. Todos, en algún momento, hemos visto desde familiares enfrentándose hasta países destruyéndose por estos dos temas. Nuestras creencias no deberían separarnos tanto. Esta es una de las claras evidencias de cómo lo religioso no se encuentra en el corazón, sino en la mente. La mente puede producir emociones muy intensas de devoción y «experiencias místicas», pero cuando le tocas «sus creencias», punto, se acabó el diálogo, comienza la guerra. Mi hermano se vuelve mi enemigo.

La palabra «religión» es una de las que ha sufrido mayores cambios en su significado. Ahora llamamos religiones a algunos movimientos políticos con una base «humanista». La religión —de *religar*, volver a unir— está muy lejos de cumplir ese objetivo. Cada vez es más una causa de separación y distanciamiento. No estoy diciendo que sea malo tener creencias, ni tampoco una religión —una forma de religarnos—. Las creencias también son hermosas y es perfecto que cada uno tenga las suyas y que cada quién se agrupe según sus afinidades, pero no podemos ignorar el daño que generan la intolerancia o el abuso de quienes, apoyados por el poder económico, hacen todos los esfuerzos para destruir la diversidad. Cuando nos volvemos conscientes de que lo que nos une es algo tan grande, nuestras diferencias podrían verse insignificantes. Una trampa que debemos evitar es que, en el ardor de defender nuestras creencias, nos volvamos mentes insensibles, dogmáticas, descontroladas, fanáticas, incapaces de percibir el propio corazón, el propio amor y el daño que podemos causar a los demás.

Otro regalo maravilloso que se desprende de la visión del sentimiento único es que se vuelve mucho más fácil comprender y perdonar a las personas que, en su ignorancia, cometen acciones deplorables. Si asumimos que en el corazón de todo ser humano reposa la misma chispa sagrada del mismo amor —del gran amor que nos concede a todos la igualdad de nuestra sacralidad— y si aceptamos que, en la diversidad de nuestras mentes, cualquier mente —por confusión o ignorancia, permanente o temporal— puede tener pensamientos que, finalmente, hagan daño a uno o muchos seres humanos, será mucho más fácil comprenderlos y hasta perdonarlos. Pues según esta visión, hasta el hombre más malvado merece ser perdonado porque, en esencia, su corazón es igual al nuestro. La diferencia es que su mente escogió los caminos equivocados.

Mente y corazón son la expresión última de las energías primordiales, la gran dualidad que continuaremos investigando en todas sus manifestaciones.

Lógica incluyente

El problema está en el tipo de lógica que usamos. Denomino *lógica dual excluyente* a la que nos han enseñado como si fuera el pináculo de la evolución humana. Se basa en que si hay dos proposiciones contrarias, si una es verdadera, la otra tiene que ser necesariamente falsa. Ejemplo: «Solo existe un Dios verdadero. Si mi Dios es verdadero, entonces tu Dios es falso». Este tipo de lógica no admite que las dos proposiciones puedan ser verdaderas. «Si yo tengo la razón y tú discrepas, entonces tú no tienes la razón». No estamos diciendo que este sistema lógico sea malo o incorrecto, sino que sencillamente no es el único y no puede aplicarse a todas las situaciones. Existen otros sistemas lógicos que deben aprenderse y usarse en diferentes casos.

Es absurdo aplicar esta lógica dual a todos los casos mientras solo percibimos una realidad parcial y subjetiva. Los antiguos sabios encontraron que la visión más completa de la realidad es aquella en la que incluimos todos los puntos de vista posibles, no solo los que nos convienen o nos agradan, sino especialmente los contrarios. A esta la llamaron *lógica incluyente*. «Si yo puedo tener la razón, tú también puedes tenerla. Por lo tanto, los dos podemos tener la razón». Este tipo de lógica va más allá de la dualidad, la resuelve verdaderamente en forma armónica, positiva, trasciende la dialéctica y nos ubica tan solo a un paso de entender la *cuatripartición, el Tawantinsuyo*.

La lógica dual usada inapropiadamente es destructiva, enfrenta una posición con otra hasta que una se desgaste y la otra prevalezca; la lógica incluyente crea un equilibrio dinámico donde tiene que buscarse una salida de consenso, un predominio alternado: «ahora tú, después yo». Esto impide el desgaste inútil de energías y otorga el máximo beneficio a ambas partes. Lo que es importante saber es en qué campo aplicar cada uno de estos sistemas. Hay cosas simples que se resuelven sencillamente con la lógica excluyente, innumerables actividades de la vida diaria (comprar, vender, construir), pero hay otras más complejas como las relaciones humanas o las percepciones de la realidad, para las que necesitamos un sistema más apropiado, no excluyente.

Espíritu y materia

Escribo en medio de las peticiones de mi hija de dos años para que la ayude a vestir su muñeca. Dejaré el lapicero cuantas veces sea necesario, pues a lo que ella se dedica es tan sagrado como a lo que yo me dedico, y lo «mío» no es más importante que lo «suyo». Una de las más grandes distorsiones de la realidad fue oponer en forma irreconciliable y antagónica «el» espíritu a «da» materia, evidentemente dentro de la lógica dual. Esto es parte también del impecable trabajo de alguna mano negra que anda alterando los escritos divinos.

Los «espiritualistas» nos enseñan que hay una realidad material que es pasajera y otra realidad espiritual que es eterna; que debemos deshacernos de nuestra materialidad para elevarnos a las regiones del espíritu; que debemos renunciar y desapegarnos de nuestras actividades materiales y «mundanas» y trascenderlas para ocuparnos de los asuntos del espíritu: ceremonias, meditaciones, oraciones, esas cosas espirituales. Yo veo en este discurso —en el mejor de los casos— nada más que la ingenua continuidad de nuestros ancestros cromagnones. Expresa todavía la creencia en la superioridad de uno de los dos géneros y pretende continuar sacando provecho de una inocente y natural asociación de lo espiritual con lo masculino, y de lo material con lo femenino.

No es que la relación esté mal en sí misma, lo que está mal es la interpretación. En nuestra América precolombina, los sabios no tenían por menos a la mujer —el concepto de paridad era clarísimo— y esta asociación materia-*mater*-madre-mujer a nadie hubiese escandalizado. Insisto en que el problema no está en esa relación —espíritu-masculino, materia-femenino—, sino en la valoración que de contrabando nos vendieron las amables religiones. Si enseñamos que el espíritu es lo elevado, lo excelso, y que lo material es lo opuesto —con todas las cargas adjetivas polarizadas para cada lado—, estamos enviando muchos mensajes al inconsciente que, aparte de ser falsos, hacen mucho daño a los dos géneros. Ya no levantamos el garrote para aplastar las discrepancias. Aprendimos a levantar la cultura, la educación e incluso la religión para hacer lo mismo, es decir, para «poner en su sitio a la mujer», a la materia. Desde estas humildes páginas pretendemos iniciar una revolución de amor, de reconocimiento y de respeto que tanto la materia como la mujer están esperando desde el comienzo de la humanidad.

Retomando la idea del cambio de eje, quiero relacionarlo también con un cambio paradigmático imprescindible para estos tiempos. La visión clásica de la relación espíritu-materia siempre la consideró en oposición. Gráficamente, se puede expresar de esta manera, mediante un eje vertical. El espíritu es lo elevado y, en sentido peyorativo, la materia es lo mundano.

Espíritu

Materia

El conocimiento ancestral plantea modificar esta visión pasando del eje vertical al horizontal, observándolos ya no en oposición, sino en complementariedad:

Existe un principio creador, anterior a toda manifestación. Este hacedor, de género neutro, de pronto se polarizó y se volvió masculino —Señor Dios, Padre Nuestro—. ¿Y la madre?, ¿dónde quedó nuestra madre? ¿Quién pudo atreverse a desaparecer el arquetipo femenino de la sagrada trinidad? Esto lo trataré en el tercer capítulo.

Espíritu ————————— Materia

Este es para mí el punto de quiebre: ¿creemos que las religiones son creación de los hombres o del gran hacedor? Honestamente, para mí son creaciones humanas y, por ende, falibles y perfectibles. No estoy diciendo que sean malas en sí mismas, simplemente que son humanas, con todos los vicios y virtudes que adornan a cualquier persona. Pero deberían reconocer que podrían mejorar un poco si aceptaran que tienen que cambiar de la mano con la necesidad, en lugar de quedarse esperando que cada 2,000 años venga alguien a arreglarlo todo.

Me es muy difícil explicar esta exclusión de la dimensión sagrada que sufrieron la mujer, lo femenino, la materia. Podríamos intentar comprenderlo en términos de la incipiente evolución mental de los antiguos judeo-cristianos, pero lamentablemente hay algo más. Hay una terca y oculta intención de que esto continúe así. No es casual y es realmente significativo el ensañamiento de esta doctrina patriarcal contra estos pueblos y culturas que mantenían el equilibrio original. Fenómeno muy similar se dio primeramente en Europa a través de la caza de brujas. ¿Pura coincidencia? No me cuesta ver lo divino y lo sagrado en la esposa, las hijas, la madre, las amigas, las montañas, la tierra, el planeta, finalmente el corazón.

El corazón es tan sagrado como la mente, pues ambos son los últimos terminales donde se expresa esta sagrada dualidad a la que llamamos Pachamama y Pachakamaq. Ahora es un poco más fácil entender por qué nuestra relación con el planeta está así. Mientras sigamos con las asociaciones equivocadas —espíritu-masculino-elevado, materia-femenino-profano—, seguiremos tratando al planeta y a la mujer no como a una madre, sino como a una cosa.

Se ha denigrado mucho y con demasiada hipocresía lo femenino y, a pesar de ello, ciertas religiones han logrando que muchas mujeres acepten este orden político y religioso, e incluso que renuncien a muchos aspectos fundamentales de su feminidad para poder seguir existiendo y compitiendo en el actual sistema económico.

Hace algunos años en una ceremonia, una amiga se acercó y me dijo: «Qué hermoso el rezo que has hecho en defensa de la mujer». Le dije que yo no había hecho ningún rezo en defensa de la mujer, que la mujer sabe defenderse. La condición del abusado es tan indigna como la del abusador. Como hombre sagrado rezo por la dignidad del hombre y de la mujer. La necesidad de corregir este ominoso desequilibrio se hace cada vez más urgente, y quedarnos callados nos haría casi tan responsables como quienes cometen la injusticia.

Se ha visto, en las últimas décadas, cómo millones de personas abandonan las religiones formales y encuentran nuevos caminos «espirituales». Esto me parece bien, pero la mayoría de ellos siguen el viejo formato, el antiguo paradigma —espíritu-masculino, materia-femenino— y solo son válidos como un nuevo paso, un puente hacia algo cada vez más real.

Conozco mucha gente involucrada en estas «actividades espirituales», cursos, talleres, meditaciones, ceremonias. Muchos vienen a mi casa a pasar unos días. Por las mañanas, conversamos sobre asuntos muy «elevados» mientras mi esposa prepara el almuerzo para todos. Termina el almuerzo, me levanto a lavar los platos y ellos se quedan hablando de cosas espirituales. A esto es a lo que me refiero, es la mejor imagen que les puedo brindar sobre la gente «espiritual» desconectada de lo «material». Esto ha pasado muchas veces y, algunas pocas, alguien se ha dado cuenta, se ha parado de la mesa y me ha dicho con una sonrisa de «ya entendí»: «Deja, que lavo yo». Desdeñar las actividades «materiales» por considerarlas mundanas, triviales o poco elevadas, o no considerar importantes y sagradas ceremonias como la diaria preparación de los alimentos, lavar la ropa o pasar horas atendiendo, jugando y criando a nuestros hijos, es señal de poco entendimiento y es lo primero que debemos cambiar.

Recuerdo también la historia de un amigo que, hace muchos años, andaba en pos de su «realización espiritual» y que, cada día, se dedicaba a meditar más horas por la mañana y a cantar *mantras*, desentendiéndose completamente de colaborar en otro tipo de actividades. Un día, a la hora del almuerzo, se sentó a la mesa en el lugar de siempre. Vio pasar a su esposa con un humeante y delicioso plato de espaguetis, sentarse y empezar a comer. Él se quedó esperando, contemplando su plato vacío, hasta que no pudo más y preguntó: «¿Y yo?». Su esposa le respondió: «Para ti, querido, he preparado un plato muy especial: he puesto cuatrocientos *Oms*, ciento ocho *Gayatris* y veinticinco Padrenuestros. Buen provecho».

Nos han lavado el cerebro miles de años creyendo que debemos buscar lo espiritual y rechazar lo material, y no es así. Tenemos que reconocer en ambos lo sagrado de la existencia. Religiones tan antiguas y sabias como el hinduismo se han tergiversado al punto de transmitir enseñanzas opuestas a su verdad esencial. El mejor ejemplo que podemos encontrar es el yoga. Mucha gente supone que las personas que hacen yoga se dedican a algo solamente espiritual. Pero el término «yoga» tiene como raíz la palabra «yugo» y significa, en este caso, 'unión'. Unión no solo entre el creador y su creación, sino entre el espíritu y la materia. Prueba de ello es que desarrollaron una serie de ejercicios para mantener la salud y tomar conciencia de la importancia del cuerpo. El equilibrio perfecto entre el espíritu y la materia.

Me preguntan si sigo un camino espiritual. Evidentemente, la respuesta es no. Sigo un camino sagrado que es muy antiguo, de integración entre lo material y lo espiritual. ¿Dónde comienza? En el reconocimiento de lo sagrado de ambas partes de la dualidad: Pachamama y Pachakamaq, el Sol y la Luna, el cielo y la tierra, el Tiempo y el Espacio, mi padre y mi madre, mi mente y mi corazón. Hay que empezar por entender cuáles son las facetas de cada una, las del principio masculino y las del femenino. Luego, comprender cuáles son las distorsiones de cada una, cómo se da el desequilibrio, el exceso de alguna de ellas. Somos una mezcla de estas dos energías. En su estado puro, deben mezclarse en partes iguales, pero esto no siempre es así. La vida exige que, en algunos momentos, una de las energías prevalezca y, luego, la otra. Siempre debemos volver al equilibrio, no podemos construir un mundo sano basados en el predominio de alguna de estas manifestaciones.

La realidad

> «La libertad es el camino al cielo,
> pero no la libertad que tomas con tus manos
> sino la que alcanzas al soltar tus ideas».
>
> Vasco Masías

Observemos unos momentos nuestra realidad. Podemos estar leyendo echados en nuestra cama, en nuestro sillón preferido, en un asiento del aeropuerto o en un maravilloso lugar de la naturaleza. Normalmente, denominamos realidad a todo aquello que en este momento vemos a nuestro alrededor. Pero ¿cuántos de nosotros incluimos la realidad interna en la gran realidad? Dicho de otro modo, ¿cuántos de nosotros le concedemos el estatus de realidad, al mundo interior? ¿Son nuestros pensamientos reales o son estados pasajeros sin conexión entre ellos y que no afectan la realidad externa ni interactúan con ella? Pareciera que, para la mayoría, ni siquiera fuera muy importante el tipo o la intensidad de las emociones que experimentamos como para considerarlas parte de la realidad. Nos han enseñado que la realidad es aquello que percibimos y, en cierta manera, tienen razón puesto que nunca «vemos» nuestra realidad interior, ni siquiera la consideramos. Para muchos, no existe. Así que, si no tomamos en cuenta esta última, en el mejor de los casos todo aquello que podamos percibir no será sino el 50% de la realidad total. Nuevamente, nos encontramos ante una hermosa dualidad: adentro y afuera. ¿Es real esta separación? Sí y no.

Muchas veces, vi con claridad cómo esta supuesta separación entre realidad interna y externa se veía complementada por algo que podríamos llamar *el umbral*. El umbral de una puerta o de una ventana es ese pequeño lugar en medio de dos espacios, que no está afuera ni adentro. Fácilmente, lo podemos relacionar con el testigo, la conciencia. Cuando percibo lo que está adentro como parte de mí y, al mismo tiempo, percibo todo lo que está afuera también como parte de mí y percibo al que percibe, en ese momento estoy contemplando el misterio de la cuatripartición.

Ante el tema de la realidad, la mayoría de las enseñanzas «espirituales» tradicionales de Oriente nos dicen que este mundo es pura ilusión y que la «verdadera» realidad es la del espíritu; que cuando nos morimos empieza realmente la verdadera vida. La versión del creyente occidental no es muy diferente: «Pórtate bien, haz lo que te digo y gozarás casi gratuitamente de la vida eterna». Ambas versiones desdeñan el importantísimo momento de vivir *aquí y ahora*, atribuyéndole una importancia relativa y secundaria. Me parece una gravísima falta de respeto a los creadores menospreciar el regalo más grande que nos han hecho: la vida en este planeta.

Con relación a la pregunta sobre qué sucede después de la muerte, se pretende que pongamos nuestra «vida y dicha eternas» en manos de los intermediarios espirituales que, si bien todavía no se atribuyen el poder de decidir quién se salva y quién no, gustan de hacer pronósticos. Por otro lado, me parece que prometer vida eterna es una solución poco creativa para resolver el drama de la existencia humana. Sea cual fuere la verdad *post mortem*, la actitud de desmerecer esta realidad del aquí y del ahora llamándola ilusión o realidad pasajera esconde una cierta cobardía. Apela a movilizar las emociones humanas como el miedo, la inseguridad, la incertidumbre y el apego, con el fin de presionar y hasta chantajear emocionalmente. Considerar simplemente «ilusión» a esta maravillosa e intensísima experiencia que es la vida y que, virtualmente, es lo único que tenemos, me parece entre cómico y humillante. No dejaré que me roben el brillo de la alegría en cada lágrima de esta sagrada «ilusión». Viviré esta vida con todo el honor y el respeto que merece, como si fuera la única, como que puede que sea la única, agradeciendo todo el amor y el dolor que mis días traigan. Y cuando este tiempo termine, nos ocuparemos de las «otras realidades»; pero solo cuando llegue a ellas. No quiero especular sobre si serán más o menos reales.

Toda la antigua enseñanza espiritual sigue enfocando las cosas desde la óptica del enfrentamiento, de la dualidad no resuelta espíritu-materia. ¿Esta vida es real o es pura ilusión? ¿Existe la realidad interior o solo la exterior? ¿Existen un afuera y un adentro? ¿Soy solo espíritu o pura materia? Definitivamente y aunque a muchos les moleste, en estos casos la respuesta siempre será: sí y no. Estos temas no se pueden manejar con la lógica dual a la que estamos acostumbrados. Para los materialistas, esto que vemos es lo único real, mientras que para los espiritualistas esto es pura ilusión: para mí, ambos están atrapados en sus respectivos extremos del péndulo, sin poder imaginar una realidad que sea opuesta y complementaria; menos aún, simultánea.

¿Qué tanto podemos percibir esta realidad a la que llamamos Dios o este Dios al que llamamos realidad? La verdad es que esto está determinado por lo que denomino *conciencia*. Sencillamente, ¿de qué eres capaz de darte cuenta? Un grupo de personas que no tiene muy clara la realidad interna se atreve —sobre la base de su poder económico ejercido a través de los medios de comunicación— a imponer una realidad y a descalificar otras. Este se vuelve un medio de control y de poder ilusorio. Los que imponen la «realidad» gastan enormes fortunas en difundir algo arbitrario. Y, aun así, esta no será sino una parte de la gran realidad. Siempre tendremos la potestad sobre nuestra realidad interna y nadie, salvo nosotros, puede tener ese control si no lo permitimos.

En nuestros tiempos, llamamos realidad a aquello en lo que la gente cree. Si muchos creen una misma cosa o repiten una misma historia, se vuelve real para ellos. Así es como muchas ideas son sembradas por diferentes grupos. Se difunden a través de los medios y son creídas por multitudes. La paradoja es que todo lo que crees se vuelve real para ti. Para bien o para mal. Dios es tan real para los cristianos como Vishnu para los hindúes, Alá para los musulmanes y el Brahmán para los budistas, con sus respectivos cielos, infiernos, mundos, jerarquías, estructuras. No niego ninguna de estas realidades, las considero a todas. Creo que todas son ciertas dentro de una realidad incluyente. Pero no se trata de decir, simplemente, que son lo mismo con diferentes nombres, no. Son diferentes dioses y todos existen y son reales, y cada uno de ellos crea y gobierna su propio universo dentro de este *multiverso* que es toda la creación. Claro que para algunos sería una ofensa mortal no creer que su Dios es el único verdadero, pero para mí todos son ciertos y respetables. La realidad final, el «verdadero Dios», está mucho más allá de cualquier intento de separación. ¿Por qué tenemos que ver las cosas de esa manera? ¿Por qué mi visión tiene que enfrentarse diametralmente a la de mi hermano e incluso llegar a considerarlo mi enemigo, aunque todo esto suceda tan solo en el plano de las ideas, dentro de mi mente?

Por otro lado, la realidad es también la gran fuente del verdadero poder, la fuente inagotable del amor y la energía. Mientras más cristalina se vuelva tu mente y la veas más claramente, más fácil será nutrirte de verdadera energía que te permitirá hacer o no determinadas cosas. Por el contrario, mientras más la deshonres por acomodarla a tus intereses y más hundido estés en el juego del autoengaño, más te debilitarás, y fuerzas ciegas y aleatorias gobernarán tu vida sumiéndote en un mar de contradicciones. Nuevamente, insisto: no hay más Dios que la realidad ni más realidad que Dios.

Un viaje al interior

Imaginémonos a nosotros mismos como una esfera de energía y representemos su centro con un punto de color opuesto al de su contorno. Para romper el clásico patrón blanco=bueno, negro=malo, escojamos rojo y azul. Pongamos rojo al centro y, luego de un delicado y casi imperceptible degradé, lleguemos a un hermoso azul cielo. Relacionemos nuestro corazón, nuestro sentimiento, con ese núcleo rojo, pequeñito, como un átomo del rojo más puro, que se encuentra en lo que denominaremos *la profundidad de nuestro ser*. Los millones y trillones de diferentes átomos —desde este núcleo hasta llegar a la superficie— son la diversidad, nuestra mente o nuestra razón. Pero no solo existen dos realidades o elementos —el centro y la superficie, lo profundo y lo superficial—, sino que existe una tercera realidad: la relación, la conciencia, el movimiento. Tiene muchos nombres, depende de cada momento. Esta relación entre nuestra profundidad y nuestra superficie, nuestro corazón y nuestra mente va a determinar muchas cosas.

Observemos un momento nuestra esfera e imaginemos que ingresa a ella una partícula —que podría ser un suceso, una experiencia o una percepción— para ser conocida por la mente. Luego, sigue su camino hasta nuestra profundidad para ser amada por nuestro sentimiento y, después, regresa a la superficie. A su paso, va dejando la huella en cada átomo que tocó. Estos átomos modificados contienen nuestros recuerdos, que pueden ser más o menos agradables, alegres o dolorosos, y también más o menos profundos. Digamos que se ubican en algún nivel por afinidad según su intensidad. Así que después de una década, ya tenemos una buena cantidad de recuerdos, algunos muy alegres, algunos dolorosos.

Todo esto sucede en nuestro interior, en un lugar que casi no podemos percibir, porque nuestra mente nunca ha sido educada para mirar hacia adentro. Cuando ya han pasado varias décadas, estamos tan llenos de recuerdos dolorosos en nuestra profundidad, que a la mente le interesa cada vez menos saber qué pasa adentro. Nos condena a vivir superficialmente. La verdadera felicidad dependerá mucho de enfrentar todos nuestros asuntos pendientes que, casi en su totalidad, tienen que ver con el perdón: perdonar algún daño que nos hicieron o perdonarnos a nosotros mismos por algo que hicimos o que no hicimos. Tendremos primero que disolver muchos patrones mentales alimentados por emociones negativas —como el odio, el orgullo y el rencor— para poder perdonar. Qué difícil es no odiar a alguien que te ha hecho mucho daño. El odio es un patrón mental muy poderoso. Es más, nuestra razón —nuestra mente— hasta nos podría decir que no solo es razonable sino justo odiar a quienes nos hacen daño. Pero el problema no es si en este momento seríamos capaces de perdonar o no, sino saber que el patrón del odio tiene que ser disuelto. El asunto es saber en qué sentido debemos trabajar para disolver algún día este patrón. No importa que no podamos hacerlo en este momento. Para una persona que está tranquila, leyendo apaciblemente, puede ser muy fácil decir «yo sí puedo, no odio a nadie». Pero ¿qué pasaría si, de pronto, fuera víctima de una tremenda injusticia o de una gran agresión?, ¿estaría a la altura? Creo que la respuesta cambiaría, pues disolver el patrón del odio es una característica de un ser despierto. Cada nivel trae sus propias pruebas y, te suplico, no las pidas pues ya llegarán solas.

Es muy fácil engañarnos respecto a nuestros logros y capacidades. Esto es lo que realmente nos impide hacer el trabajo. Nuestro trabajo es enseñarle a nuestra mente a voltear sus «ojos» hacia adentro. Entrar en la simultaneidad de la percepción —adentro y afuera—, decirle a nuestra mente que allá en la profundidad de nuestro ser hay una parte de nosotros que es maravillosa, de una belleza y una paz incomparables, que simplemente está esperando ser reconocida. Para lograr esto, tenemos que empezar a redireccionar nuestra percepción y solucionar todos esos conflictos que se han quedado atrapados en distintos niveles de nuestro interior. Puede haber muchas formas de lograr la «conciencia» o el «estado despierto». No solo hay que educar la mente para traerla siempre de regreso al eterno ahora —cosa que creo fundamental—, sino trabajar sobre el perdón. Esto es muy importante para mucha gente que vive constantemente asaltada por recuerdos muy dolorosos, que son parte de su memoria celular. Para todos ellos, ir curando el pasado es también un buen método. Al final, se llega al mismo punto, pero entendiendo la magia de cambiar el pasado.

Si vemos el corazón como la unidad —la inmutable realidad— y la mente como la diversidad —lo opuesto, la absoluta variabilidad—, encuentro que yo no puedo cambiar lo inmutable.

Mi amor siempre fue y será, pero sí puedo cambiar mi mente. Es solo cosa de empezar a probar, de intentarlo. ¿Qué es lo primero que le pediremos a nuestra mente? Flexibilidad y disposición al cambio.

Imaginemos, nuevamente, nuestra esfera. Esa partícula, que ingresa a nuestra vida y va rumbo al corazón para que sea tocada por nuestro amor, escoge uno de nuestros átomos mentales como compañero en este largo camino hacia el núcleo. Pero necesitamos pensamientos valientes capaces de arriesgarlo todo en este viaje a la transformación. Cada átomo de nuestra mente que acompaña a cada partícula de percepción es transformado al acercarse al corazón. Se vuelve un poco más *sensible*. Por eso, a diferencia de muchas escuelas «espirituales» que consideran la mente como un enemigo que hay que destruir, yo la veo como mi mejor amiga, mi mejor herramienta, mi mejor recurso, como un sistema de creatividad, de imaginación casi infinita. Podemos crear una realidad tan hermosa y elevada, que el paraíso parezca un lugar sin brillo y aburrido. A la mente no hay que temerle ni destruirla, hay que reeducarla. Fue la mente del hombre la que creó espacios divinos llenos de música y poesía, o imágenes horribles como el infierno y su fuego eterno. La mente es también una simple herramienta, todo depende del uso que le des.

Simultaneidad

Mira el gusano que come la hoja.
Mira la hoja colgando del árbol.
Mira el árbol que crece en el bosque.
Mira el bosque adornando la tierra.
Mira la tierra girando en el cosmos.
Mira el cosmos sosteniendo la vida.
Mira la vida en el gusano que come la hoja.

Por ver el gusano no vemos la hoja, por ver la hoja no vemos el árbol, por ver el árbol... y así. Nuestra mente no puede ver más de una cosa a la vez. Inmediatamente después de enfocar algo, dejamos de ver el resto. ¿Cómo hacer para ver el gusano, el cosmos y la vida, todo a la vez? ¿Por qué si nos concentramos en el cosmos, no podemos ver el bosque y, menos, el gusano? ¿Por qué nos perdemos en el paso de lo general a lo particular y viceversa? ¿Por qué perdemos la perspectiva?

Todo es cuestión de trabajo y entrenamiento, pero hay que tener claro por dónde empezar. Por eso, la vida puso así el camino para nosotros: pasar de la dictadura absolutista de la mente a la contemplación simultánea de dos realidades —mente y corazón, la unidad del sentimiento y la diversidad de la razón—, para luego pasar a ver lo tercero, la *relación,* la conciencia; y, luego, la cuarta dimensión, la quinta, etc. Finalmente, ver la vida en el gusano que come la hoja. Es solo cuestión de entrenamiento y querer cambiar nuestra mente, acostumbrarla a buscar el pensamiento diametralmente opuesto al que se nos ofrece como primera lectura. ¿Por qué cuando miramos una fogata, solo vemos el calor y la vida que el fuego nos da? ¿Por qué no vemos también la vida del árbol que se va quemando? Que nuestra mente sea consciente de su realidad y de la de su vecino más próximo, el corazón.

La relación

Si concebimos nuestra mente como la parte masculina —el esposo— y nuestro corazón como la parte femenina —la esposa—, ¿qué clase de pareja somos?, ¿acaso nuestra mente grita, se impone, hace lo que quiere y nuestro corazón llora en silencio, aguanta y espera que algún día las cosas cambien? Todos tenemos más o menos el mismo comienzo. ¿Cómo empezar a mejorar, a curar esta relación? Conociendo nuestro corazón y nuestra mente, nuestro femenino y nuestro masculino, analizando primeramente cómo son estas energías en su estado puro, meditando sobre eso.

El principio masculino es la energía expansiva, inicial, explosiva, centrífuga, analítica, activa, emisora. El femenino es la energía que concentra, sostiene, es centrípeta, sintética, pasiva, receptiva. Para que esto se pueda entender, suplico no emitir juicios de valor sobre las cualidades de la dualidad, como activo=positivo=bueno y pasivo=negativo=malo. Ser activo no es bueno ni malo, todo depende del momento y la circunstancia. A veces será lo correcto, a veces, catastrófico. Además, estamos hablando de cualidades arquetípicas y no de la ingenua y pasajera identificación que cada uno tiene con su sexo.

La distorsión más frecuente de la energía masculina se encuentra en su cualidad expansiva. ¿Cuándo esta energía se expresa negativamente? Cuando es incapaz de determinar su propio límite, cuando ignora cómo afecta a su entorno. Entonces, se pervierte y pasa de ser expansiva a invasiva. Allí comienzan los problemas, el desequilibrio. Esto se hace evidente en la actual civilización.

Seas hombre o mujer, ¿cómo determinar cuándo la energía expansiva se vuelve invasiva? Nuevamente, llegamos al punto de la simultaneidad. ¿Cómo sostener en nuestra conciencia dos aspectos, dos realidades a veces distantes o contradictorias? En el caso puntual de nuestra energía expansiva, se trata de acompañar esta expansión y, paralelamente, darnos cuenta de cuándo empezamos a invadir tanto a las demás personas como el espacio de nuestro propio corazón. La relación entre nuestra mente y nuestro corazón es la relación primordial. Si no llegamos a entenderla y, luego, a tener por lo menos un vínculo aceptable, dudo mucho que podamos tener uno bueno con otras personas. Si nuestra mente es capaz de engañarnos, ¿cómo evitar que intente engañar a otros?

Lo que vemos en el mundo, sin mucho esfuerzo, es que las relaciones son mayormente desastrosas, especialmente las de pareja. Damos por sentado que es suficiente estar enamorado para tener un buen vínculo, pero no es así. El enamoramiento es un mecanismo de protección de la vida, a través del cual se activan glándulas que segregan hormonas que nos hacen ver todo maravilloso. Yo lo llamaría una especie de ebriedad emocional. Todos los defectos y debilidades de la pareja nos parecen comprensibles, algunos hasta hermosos. Luego de un tiempo, esto pasa y la relación se ve tal cual es. Sin este tipo de ayudita que nos da la naturaleza, sería casi utópica nuestra continuidad. Luego de unos meses, vemos las cosas más claramente y nos asustamos. Da igual si nos hemos o nos han engañado, el asunto es que tenemos por delante una relación. No sabemos bien cómo hemos llegado a ella y la resolveremos según el tipo de condicionamiento que tengamos. Si somos del tipo al que le gusta sufrir, la mantendremos aunque sea la más inadecuada y nos haga infelices por el resto de nuestra vida. Si somos del tipo egoísta, no le daremos ninguna oportunidad y, a la primera, o rompemos la relación o consolidamos nuestra posición dominante; seremos quien pone las reglas.

Empezar una relación es muy fácil. Sin embargo, es muy difícil saber darle fin. Una vez terminado el enamoramiento, si la pareja tiene futuro, puede empezar seriamente a trabajarla en el camino del amor. Si no lo tiene, a veces se insiste en un vínculo dañino para las dos partes, por debilidad, confusión, necesidad o lo que sea. Cuando no estamos lo suficientemente conformes con una relación y no tenemos la madurez o la fuerza para terminarla, solemos agredirnos mutuamente y cada vez con mayor violencia, tratando de obtener de la ira o del enojo la energía necesaria para la separación, convirtiendo el final en un verdadero infierno. Si no somos capaces de aceptar a la otra persona tal cual es, sabiendo que siempre habrá buenos y malos momentos, no busquemos la fuerza para el corte en la violencia, sino en el amor. «Me alejo de tal persona porque la amo y no deseo seguir arruinándole la vida». No es que en una relación uno sea bueno y el otro malo, los seres humanos somos como los colores o los sabores. Hay buenas y malas combinaciones entre las personas. La relación de pareja es la mejor escuela iniciática de estos tiempos.

Así como las relaciones de pareja están en el *Kay pacha* —el mundo de aquí—, la relación entre nuestra mente y nuestro corazón está en nuestro mundo interior, pertenece a lo que denominamos el *Uhu pacha*. El trabajo en este campo comienza por entender que solo en la sinceridad del espacio interior podemos lograr un modelo de relación libre de condicionamientos. Si logro establecer dentro de mí una honesta y amorosa relación entre mi parte masculina y la femenina, aprenderé muchísimo de las relaciones en general y de lo que puedo —o no— esperar de mi contraparte en el segundo nivel, el mundo de aquí —el *Kay pacha*—. Para que una relación funcione, las dos partes tienen que tener la capacidad real de ponerse en «los zapatos del otro» y de poder ver las cosas desde el lado opuesto. Y esa maravillosa oportunidad está siempre dentro de nosotros, cada vez que somos capaces de ir más allá de la identificación con el sexo de nuestro cuerpo y entender que la dualidad, la polaridad, la relación, se encuentran también en nuestro interior y que allí tenemos la oportunidad de experimentar cómo se siente la otra parte.

Cuando hemos sido capaces de reeducar nuestra mente, de refinarla, de hacerla un poco más «sensible», de aprender a bajarle el volumen a esos gritos iracundos o apasionados, cuando todo ese ruido baja, no es difícil empezar a escuchar la sutil voz del corazón que, simplemente, dice: ama. En cada pulsación, está diciendo «amor». Aquí, empiezan un nuevo capítulo de la vida y el gran desafío para la mente, pues es más fácil gobernar de forma abusiva que en consenso. Una vez que se ha escuchado esta voz, es muy difícil vivir ignorándola. En este punto la mente se pregunta: «¿Cómo será eso de amar?».

Nuevamente, tenemos aquí el problema del significado de las palabras. Lo que nuestro corazón llama amor es algo que nuestra mente no conoce exactamente. Tiene emociones parecidas, pero no conoce exactamente el amor. Conoce el apego, el deseo, los celos, la añoranza, el cariño, y hasta es capaz de inventar su propia categoría: el amor mental. El verdadero amor, el incondicional, es el sentimiento único y hay que diferenciarlo del resto de las emociones que están en la mente. Así que cada mente emprende, a partir de este punto, su largo camino de aprender qué es el amor.

Energía y forma

Desde siempre, he escuchado que la energía define la forma. Solo desde hace algunos años me pregunté seriamente: «¿Es esto cierto? ¿No será que la forma define la energía?». Mi respuesta fue: «Decir lo segundo es igual de arbitrario que decir lo primero». Para que estas dos sentencias se conviertan en verdad, solo habría que añadirles la expresión «a veces». A veces, la energía define la forma; a veces, la forma define la energía. Pero la relación entre forma y energía es algo mucho más complejo y no solo pasa por cuál define a cuál.

Nuevamente, huyamos de todo absurdo enfrentamiento para saber cuál es la verdad. Salgamos de la lógica dual, del pensamiento excluyente, para entrar en un nuevo entendimiento. Cuando los sabios antiguos relacionaron lo mental con la cabeza y el sentimiento con el corazón, estaban haciendo gala de finísima intuición. Miles de años antes de que se le ocurriera a alguien explorar y conocer la forma de estos órganos, los antiguos ya tenían más que entendida esa relación.

La mente está relacionada principalmente con la dualidad. Si vemos la forma del cerebro —que es quien la contiene—, lo primero que observamos es que está formado por dos mitades, dos hemisferios, uno racional y otro intuitivo, artístico, emotivo. De igual manera, cuando se estableció la conexión entre el sentimiento y el corazón, nadie conocía la forma interna de este órgano, que claramente evidencia cuatro regiones, cuatro direcciones: aurícula izquierda, aurícula derecha, ventrículo izquierdo, ventrículo derecho.

El número 4 contiene el 1, el 2, el 3 y el 4. Según la antigua ciencia matemática de Pitágoras, el significado oculto de un número se obtiene sumando todos los números que lo componen: $4=1+2+3+4=10$, $10=1+0=1$. Esto quiere decir que el 4 también significa unidad. El corazón es la unidad y el cuaternario es la unidad. ¿Quiso la energía del sentimiento alojarse en nuestro pecho y darle esa forma a nuestro órgano principal, o fue la forma de este órgano la que permitió que esa energía se hospedara en él?

Me ha pasado ya en tres ocasiones que, al empezar a aprender los rituales de alguna tradición, buscara —como un niño deslumbrado por la forma— la fórmula que me abriera la puerta a otros estados de conciencia para obtener mágicos entendimientos. Observaba cuidadosamente cada gesto, cada palabra y hasta la fecha de cada acción. Soñaba con descubrir el secreto del ritual. Por un lado, esto siempre acabó en desilusión pero, por otro, me sentía fortalecido, convencido de que ningún ritual de tal o cual cultura podría ser la fórmula que me abriera las puertas y de que la sola capacidad personal de penetrar en el misterio podría lograrlo: introducirme como un haz de luz en medio de lo más recóndito del secreto y descubrir que el ritual no es lo que haces, sino cómo lo haces. ¿Sabes realmente lo que estás haciendo o es un mero remedo? Si bien al comienzo una forma de aprender es la imitación, ¿cuándo dejas de ser un imitador y te conviertes en un oficiante? Si el propósito es puro y tienes la voluntad de persistir, pronto te darás cuenta de que el secreto está en la relación que tienes con lo que estás haciendo, y eso es algo que no se puede falsear. En parte, depende de cuánto cariño y esfuerzo le has dedicado a lo que haces, no solo para aprender la fórmula —lo externo—, sino para relacionarte correctamente con la esencia. Siempre repetimos el mismo patrón, buscando dominar la forma para manejar cada situación. Tres veces me han bastado para entender. La forma puede ser hermosa y muy atractiva, pero sin la esencia no es nada.

Aprendí muchas cosas de las tradiciones de los antiguos pueblos de América, pero también encontré muchas imprecisiones, supersticiones, incluso falsedades. Ciertas enseñanzas con el tiempo se han distorsionado tanto que realmente, en algunos casos, se han convertido en mentiras. Es necesario estar muy atentos para encontrar la verdadera enseñanza más allá de toda forma. Aun así, sigo creyendo que es posible encontrar mucha sabiduría en las antiguas tradiciones.

Es un buen momento para pedirles una reflexión a todos los interesados en las ceremonias y rituales americanos. Desde hace miles de años, en muchos de ellos realizados en toda América, se utilizaron pieles y plumas de diversos animales, para «conectarse» con el poder y la energía de estos seres. Hasta hace algunas décadas, la cacería de estos animales se realizaba en forma sagrada, es decir, de manera honrosa, con un propósito muy puro y rezando mucho por el animal al cual se iba a sacrificar. En aquellos tiempos, muchos de esos animales no se encontraban en el gravísimo peligro de extinción en que se hallan ahora.

La realidad es que en estos días, muchos seguidores de modernas escuelas chamánicas no se detienen ni un segundo a considerar el tremendo daño que están causando a estos seres de poder, pues al comprar sus plumas y sus pieles lo único que hacen es fomentar la caza ilegal. El mercado negro de objetos chamánicos se atreve a ignorar esto debido a lo rentable que es su comercio en los «shamanshops». Pobres ilusos, mal orientados, compran plumas de cóndor y de águila o pieles de pumas, otorongos —jaguar amazónico— y serpientes, para regalarse mutuamente o decorar sus templos y ceremonias, sin saber que lo único que se llevan son restos de materia animal. Aquí en Cusco, cada pluma de cóndor puede costar hasta diez dólares. ¿Te imaginas cuánto pueden pagar en el mercado negro por un cóndor muerto? ¿Tienes idea de cuántos otorongos quedan en la selva? Sin duda, no muchos; tal vez unos cuantos cientos. Cada piel, cada pluma que compramos o nos regalan es parte de toda esta locura, de este exterminio, de este circo de apariencias. ¿Cómo puede haber poder en la ignorancia, la inconciencia o la vanidad? ¿Está el poder en la pluma o en la piel de estos hermanos o, más bien, en el amor y el respeto que les tenemos? Qué fácil quedarnos en la forma y olvidarnos de la energía. El poder de estos animales vendrá a nosotros cuando aprendamos a amarlos, a respetarlos, a defenderlos, a protegerlos y a honrarlos, especialmente cuando están vivos.

Verdad y honestidad

Si me tocara resumir todo lo anterior en dos consejos, escogería amar la verdad y mantener la honestidad. Amar la verdad porque es la meta final, disfrutar viendo las cosas tal cual son; y la honestidad, para que nuestra mente no cambie, distorsione u oculte esta verdad. Tener siempre la verdad como el tesoro más preciado y la honestidad como su mejor aliada. Debido al peso de nuestros condicionamientos, uno no puede ser honesto el 100% del tiempo en el 100% de nuestras relaciones. Los patrones mecánicos de pensamiento nos llevan a mentir vez tras vez, creando gran confusión. Sin embargo, casi ninguna persona que se considere normal acepta que miente. Mayormente, estamos tan dormidos que no nos damos cuenta de cuándo mentimos, y tenemos la autoimagen de ser personas honestas y veraces. Pero esto no es así, somos mentirosos patológicos, nos mentimos a nosotros y a medio mundo.

Confundimos el desarrollo intelectual de nuestra mente con nuestra verdadera evolución. En efecto, hasta cierta parte del camino pueden ir en paralelo, pero llegado un punto, siguen caminos contrarios. Nuestra mente desarrolla tal capacidad de argumentación, que puede volver casi infinita cualquier discusión. La mente logra un manejo de la palabra que puede tergiversar cualquier situación o discurso casi hasta confundirnos. He conocido verdaderos malabaristas de las palabras capaces de hacer ver cualquier monstruosidad como la cosa más natural. Solo nos pueden salvar de ese tipo de embaucadores nuestra intuición y nuestro amor a la verdad.

El primer paso para ser honestos es darnos cuenta de nuestras mentiras, de toda esa parte mecánica y de los condicionamientos que nos llevan a actuar de esa manera. Por eso, la pareja es una gran oportunidad para empezar el camino de la libertad practicando la honestidad. Una vez que uno decide ser honesto con uno mismo, el siguiente paso es ser honesto con alguien más, alguien de nuestra total confianza que no aproveche nuestra sinceridad para hacernos daño, que nos ayude a disolver y sobrepasar los condicionamientos por los cuales mentimos. Uno no puede ser honesto de golpe con todo el mundo todo el tiempo. Lo puede intentar, pero no lo veo ni eficiente ni real. El compromiso debe iniciarse siendo honesto con una sola persona todo el tiempo, pase lo que pase, cueste lo que cueste. Esta no es una cuestión «moral» sino real, no depende del arreglo o de las reglas que tengan cada pareja o cada sociedad. Se trata de que, sean cuales fueren las reglas, el acuerdo que uno haga con alguien no se rompa unilateralmente ni de que se continúe haciéndole creer al otro que se siguen respetando las reglas. Es demasiado ingenuo y arrogante pensar que somos tan listos que podemos mentir eternamente sin que nos descubran. La verdad y la honestidad son tesoros que crecen geométricamente con el tiempo. Claro que es bueno ser honesto *a veces*, pero eso no se compara con la satisfacción de contemplar cómo día a día, año tras año, crece esa relación no contaminada por la mentira y la desconfianza, y cómo se potencian el amor y la confianza gracias a la continuidad. ¿Y si fallamos? No pasa nada, pedimos perdón y volvemos a empezar, humildemente y con mejor ánimo, pero sin engañar. No creo que haya nada más dañino para los demás y para uno mismo que el engaño.

Esto es para mí lo más importante, el engaño y especialmente el autoengaño, porque para engañar al otro, primero hay que autoengañarse, creyendo que esa es la salida o la mejor opción. Lo grave es cuántas veces nos damos cuenta de nuestras mentiras, desde las más graves hasta las más sencillas. Tomamos la mentira como un simple mecanismo que «nos aligera y nos alivia la vida». No vemos la gravedad de lo que significa mentir para solucionar algo, para salir del problema. Mentimos hasta porque nos da pereza tener que explicar a los demás por qué hacemos las cosas de una manera y no de otra. Para no explicar, más fácil es mentir y decir a cada quién lo que quiere escuchar. En el fondo, sabemos que es así, pero en la superficie lo rechazamos. Cuando alguien cuestiona nuestra honestidad, inmediatamente se activa el siguiente patrón mental: «Yo siempre digo la verdad». Si tomamos esto en serio y vemos en la pareja la gran oportunidad de ser honestos, después de un tiempo de haber disfrutado los beneficios, podremos animarnos a ser honestos con dos, con tres, con mil, con todas las relaciones.

Religión y política

En el campo social, la religión y la política son los equivalentes relativos de la dualidad mente-corazón. Cuando el primer hombre en una tribu muy lejana levantó el garrote más pesado y puso orden según su entender, creó el primer cargo de dirigente o representante público, el primer político. Probablemente, a partir del momento en que el primer hombre o la primera mujer lograron ese sentimiento único de amor y agradecimiento contemplando aquel fuego que calentó su rústica vida, surgieron el primer sacerdote o la primera sacerdotisa. Como dicen, lo demás es historia...

Lo cierto es que, desde los albores de la humanidad, los grupos humanos identificaron clara y tempranamente a sus líderes religiosos y políticos. Del éxito de la relación entre estos personajes dependió en, gran medida, la prosperidad de sus sociedades. Esta es una clarísima representación fractal de la misma relación razón-sentimiento que se da en todo ser humano. Cuando la «razón» de un pueblo escucha y respeta su propio sentimiento, ese pueblo progresa. Por el contrario, cuando la parte activa, «razonable», ignora, somete o usurpa la parte contraria, ese pueblo podrá lograr una gran expansión pero nunca sabiduría y verdadero progreso. Cuando por medio de las armas, la fuerza o la coacción, el poder político somete al religioso, la sociedad pierde el equilibrio, el rumbo. Es una relación muy frágil y precaria, pues ambos poderes utilizan diferentes medios para lograr sus fines. El poder político-militar no duda en emplear la violencia para alcanzar sus objetivos, mientras que para el verdadero religioso, la violencia nunca será el camino, ni siquiera para defender su legítimo derecho.

¿Qué sucede cuando los políticos, en su ambición desmedida de poder, invaden y se infiltran en el espacio religioso y no escatiman medio alguno para lograr sus fines? Lo que estamos viendo: una sociedad totalmente desequilibrada. Un buen modelo de sociedad se logra cuando el poder político regula, modula y respeta al poder religioso, y este último inspira, apoya y limita al primero. Un buen mandatario político no es sinónimo de un dictador militarista. Todo lo contrario, es un estadista consciente de las necesidades presentes y futuras de su sociedad, poseedor de gran talento organizativo y de un don especial para lograr acuerdos por el bien común. Un buen líder religioso es aquel ser humano sensible e imaginativo que logra adecuar y expresar las más grandes verdades del universo en la forma más clara, para que las puedan comprender y amar hasta el hombre y la mujer de más sencillo entendimiento.

Teología y mitos

¿Cómo y cuándo estas maravillosas historias de todas las religiones del mundo, que traducen verdades cósmicas y universales a mitos y leyendas, pierden su magia simbólica y se vuelven dogmas declarados? ¿Cuándo pierden su maravilloso encanto y se convierten en perversos y amenazadores instrumentos capaces de condenar a todo aquel que dude de ellos? Los dogmas, sean de fe o como quieran llamarlos, a mí solo me sirven para reconocer la oscura mano de malos políticos disfrazados de sacerdotes. Si revisamos nuevamente las características de nuestra dualidad razón-sentimiento y recordamos que, en esencia, el sentimiento une y la razón separa, las religiones son un claro producto de la mente y no del corazón.

También es bueno saber que dentro de cada persona existen en potencia un líder político y uno religioso, y que, muchas veces por flojera o indiferencia, poco a poco hemos cedido y perdido los espacios políticos. No solo es cosa de señalar lo negativo y de sentirnos víctimas, también tenemos que aprender a defender cabalmente nuestros espacios políticos y religiosos, cada uno en su sociedad.

El eje de la existencia y el eje del amor

Nuestro símbolo sagrado, nuestra sagrada cruz que divide la manifestación, el universo en cuatro territorios, está compuesto por dos ejes que se cruzan en el medio. Al horizontal lo relaciono con la existencia y al vertical, con el amor.

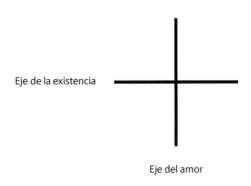

Eje de la existencia

Eje del amor

Muchas personas se niegan a reconocer algún tipo de estructura jerárquica de la cual todos somos parte, querámoslo o no. Este conflicto con la «autoridad» es típico de un estado infantil de la mente. Las mentes más sensibles o intuitivas no encuentran ningún conflicto en aceptar que siempre habrá un hermano un peldaño más arriba dispuesto a ayudarnos, y otro en un peldaño más abajo dándonos la oportunidad de servirlo. Para poder aceptar el real nivel en que estamos, es necesario renunciar al vicio de medirnos o compararnos con los demás. Cada uno es como es y ocupa un lugar en la familia humana, y si estás temporal y relativamente más arriba, es para ayudar y servir a los que están más abajo. Si la conciencia de tu posición en la vida es real, verás que no hay espacio para la jactancia o la arrogancia, todo lo ocupa la conciencia de la responsabilidad.

Cuando todavía no somos conscientes de que nuestro despertar inicial comienza con darnos cuenta de la existencia de estos dos principios originales —la existencia y el amor, lo positivo y lo negativo, lo masculino y lo femenino—, es como si viviéramos en un mundo de una sola dimensión, horizontal. Todo es plano, todos somos iguales, no hay nadie diferente, simplemente existimos, no hay ni superior ni inferior. Esto es cierto, pero solo es parte de la verdad. Cuando crecemos en el entendimiento de la dualidad, se genera automáticamente el sentido de lo vertical —el amor— y reconocemos que no solo existe esta dimensión inicial horizontal, sino también el plano vertical, y empezamos a ver las cosas de otra manera. Claro que un sentido todos somos iguales. Cada gota de tu sangre es tan valiosa como la de la mía y como la de cualquiera. Pero en el otro sentido, en el plano vertical, todos ocupamos diferentes lugares en el eje del amor, y la prueba real de cuánto nos hemos elevado en él es el respeto a todos los seres, sin que importe qué lugar ocupan.

Por un lado, es comprensible todo este rechazo a la autoridad, sobre todo en tiempos de tantos supuestos gurús «iluminados» que siguen aprovechándose de mucha gente de buena voluntad. A veces, tardamos mucho en confirmar el fraude y aceptar el dolor de sentirnos engañados, burlados, incluso estafados. Mucha gente no solo dedica años de su vida a servir a impostores, sino que también hace cuantiosas donaciones. Y mientras más tiempo se ha gastado en servir a estos falsos maestros, es más duro y difícil reconocerlo y poner fin a estas relaciones. Pero esto no debe minar nuestra fe ni nuestra capacidad de confiar en que siempre habrá una mano arriba y una abajo.

Los falsos maestros no son sino una buena prueba para todo caminante. Son la mejor forma de probar nuestro amor a la verdad. Solo en la medida en que toleramos la mentira y el autoengaño en nosotros mismos, estos sujetos logran engatusarnos y confundirnos. Construyen una relación falsa y aduladora, nos hacen sentir «especiales», «elegidos», nos otorgan títulos sacros y baratijas que «convierten» en objetos sagrados, y nosotros nos sentimos muy agradecidos y cargamos con una deuda casi infinita. Todo esto termina cuando nuestra mente se cansa de ese juego y decide no aceptar más mentiras ni ese tipo de relación. No hay maestro que nos ayude más que nosotros mismos. Si aprendemos a amar la verdad por encima de todo, mantendremos alejada la mentira de nosotros y, con ella, a los mentirosos. Otra manera de abordar esto de la jerarquía es analizar cómo nos comportamos con los demás, recordando siempre que toda posición es relativa y transitoria. Es decir, un día puede que nos toque arriba y otro abajo. Miremos a quiénes juzgamos y a quiénes comprendemos. Juzgar a alguien nos ubica, de inmediato, por debajo en el eje del amor; comprenderlo nos coloca por encima. Veámoslo gráficamente: el círculo A comprende el círculo B. Lo mayor comprende lo menor. Lo menor nunca podrá comprender lo mayor, salvo la pequeña parte que comparten.

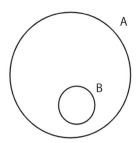

Patrones mentales

¿Cómo se forman, cómo funcionan y cómo luego nos dominan? Gran parte de las opiniones sobre la mente se dividen en dos posiciones: si ella en sí misma es el problema o si está bien así como es. Mi respuesta es: claro que está mal en sí misma, pero está bien que sea así porque así es como es. El aporte sobre la simultaneidad ayudaría considerablemente en todos los campos de la vida porque las respuestas, en muchos casos, son «sí y no».

Hay gente que piensa que la mente está enferma por naturaleza y que no queda más remedio que deshacernos de ella. Yo no lo veo exactamente así. Esta parte de nuestro ser tiene su propio proceso, su propio ritmo de desarrollo. Así como en el bebé primero se forma la columna que será la base del cerebro y, luego, el corazón, así se van formando las diferentes partes de nuestro ser, incluida la mente.

Cuando ya está prácticamente terminado el *hardware* comienzan las sensaciones, es decir, se prueba el «sistema» y empieza la actividad en el inconsciente. Inclusive después de nacer, continúan haciéndose ajustes y conexiones en el *hardware*. Dicen que en el primer mes vemos en blanco y negro y con la imagen invertida, pues todavía no se crean las conexiones neuronales que permiten la visión adulta. En el momento en que dejamos el vientre materno, las sensaciones aumentan de 1 a 100. Pasamos de un estado de protección, donde todas las sensaciones son filtradas por nuestra madre, a un mundo de estímulos muy intensos y abundantes, hasta agresivos.

Un patrón mental se forma como consecuencia de la continua reiteración de un pensamiento. Es una «forma» de pensar que ha sido repetida en incontables ocasiones, producida por el pensamiento mecánico. Cada vez que eliges transitar ese camino mental que conecta una parte de tu cerebro con otra a través de tus neuronas, este camino se refuerza y se profundiza a manera de un surco. Cada vez que es utilizado, se hace más hondo y de más fácil acceso. Los patrones mentales son como ríos a través de los cuales fluye cada vez más agua pronunciando su cauce, tanto que, cuando te das cuenta, ya se ha formado un gran cañón anulando prácticamente la posibilidad de cambiar el curso de tus pensamientos o emociones. Así, después de unos años de vida, encontramos estos caudalosos ríos a través de los cuales fluyen nuestros pensamientos y que nos cuesta muchísimo esfuerzo cambiar.

Los patrones mentales son parte de la función mecánica de la mente y nos ayudan a no tener que pensar todo mil veces, pero no podemos construir nuestras vidas y menos soñar en transformarnos solo apoyados en esta parte de la mente. Tomando en cuenta que nuestra historia empieza, en realidad, meses antes de nacer, aprovecho la oportunidad para hacer un brevísimo pero sentido comentario sobre el parto típico del sistema hospitalario occidental, principalmente fomentado por esta cultura del miedo.

Nuestros ojos nunca han visto luz. Sin embargo, desde el primer momento, nos ciegan con esa iluminación horrible del quirófano, nos cuelgan de cabeza y, si no gritamos, nos pegan. Primer mensaje que aprendes: hay que gritar para que no te peguen. Luego de estos atropellos, buscas la protección de mamá, ese cuerpo que te contuvo y que amas como propio, pero no, la tortura aún no ha acabado, te cortan el cordón, te separan de tu madre, tu protectora, y te lleva una señorita que te mira con una mezcla de ternura y asco porque estás todo «sucio», lleno de sangre, así que hay que bañarte. Así, empieza nuestra entrada a la sociedad. Nos lavan, nos secan y nos echan shampoo y colonias llenas de aromatizantes químicos que hoy todos saben que son cancerígenos pero a nadie le importa. Esto sucede en el mejor de los casos, en los partos «naturales», que son la minoría. La mayoría se realizan por cesárea, dicen que para evitar riesgos, pero todos sabemos que es mucho más cómodo y lucrativo para los doctores.

¿No creen que con semejante bienvenida al mundo, esa mentecita tenga el derecho de volverse enferma? La respuesta es, contundentemente, no. Miremos un caso totalmente opuesto: un niño que nace en casa, parto natural, sin problemas, no llora, no es necesario pegarle, simplemente respira, lo ponen en el regazo de su madre sin cortarle aún el cordón, inmediatamente sabe lo que tiene que hacer, succiona y siente la dulzura de las primeras gotitas de ese líquido maravilloso que le garantizará la existencia. ¿Cuál de estos dos niños creen ustedes que tendrá la mente más sana? No hay manera de saberlo. Cualquiera podría pensar que, definitivamente, el niño nacido de forma natural tendría una condición mental más sana, pero no es así necesariamente. Por favor, no estoy diciendo que no importa la forma como nacen nuestros niños, todo lo contrario. Claro que es muy importante. Hay que tomar en cuenta hasta el último detalle de lo que significa un verdadero parto natural y evitar todas las agresiones que recibe un recién nacido. Lo que quiero decir es que, aun haciendo todo lo posible por salvarlo de dolores y traumas innecesarios, no se garantiza que estos niños vayan a tener una mente «sana».

Sigamos con nuestra historia. Cualquiera de los dos niños, el nacido en el amor de su casa o el agredido en el hospital, cuando llegue a adulto tendrá las mismas oportunidades de sanar o no su propia mente. Para entender mejor el ejemplo, debemos verlo dentro del sistema de la *cuatripartición*. Imaginemos que no son dos, sino cuatro niños, dos nacidos en casa y dos en hospital. El primero nacido en casa agradecerá a sus padres toda su vida el cuidado que tuvieron para su nacimiento. El segundo nacido en casa culpará toda la vida a sus padres de sentirse «distinto», por haberlo criado diferente al resto de los niños. Probablemente y con la mejor intención, sus padres nunca le compraron golosinas, comida chatarra, video juegos ni televisión. El primer nacido en hospital será médico y, consciente de lo que le hicieron sufrir al nacer, trabajará arduamente para cambiar y humanizar el sistema de partos hospitalarios. El segundo nacido en hospital será una persona deprimida, malagradecida y nunca perdonará a sus padres ni a la vida la «injusticia» que se cometió con él. ¿Qué es lo que determina la respuesta de estos cuatro diferentes casos? Por un lado, la información que uno trae —obviamente heredada de los padres— y, por otro, los patrones mentales que cada uno fue construyendo a lo largo de su vida.

¿Te quejas de tu vida? ¿Quieres que te cuente la mía a ver si mi tragedia fue más grande que la tuya y, así, te sientas mejor? Puedo contarte lo mismo en forma de comedia o de tragedia, pero eso no es importante. Lo importante es descubrir que todo lo que nos pasó, nos pasa y nos pasará es «pura medicina». Esto es lo que algunos llaman «la magia de poder cambiar el pasado». La imposibilidad de salir del absurdo estado de drama en el que vivimos se debe a nuestra situación actual, a nuestros patrones mentales, no a nuestro pasado. Incluso para los más necios, la infelicidad actual viene del futuro. Pueden haber tenido un gran pasado y un buen presente, pero viven aterrorizados por el futuro. ¿Qué pasará mañana? ¿Y si me pasa algo malo?

Las mentiras y profecías apocalípticas son el pan de cada día de las sectas que se dedican a difundir la intriga y el temor. Cuenta la historia que cuando se acercaba el año 1000, muchas personas se suicidaron pensando que se acabaría el mundo. Luego, postergaron la fecha mil años más y ahora los modernos oportunistas se agarran de nuevas fechas. La siguiente es el 2012. El noble Calendario Maya ha sido convertido en un horóscopo. El mercado siempre está tomando todo lo sagrado para volverlo un *souvenir*. La situación mundial es tan precaria que no me sorprendería que no lleguemos al 2012. Tampoco me sorprendería que la agonía de este viejo orden durara todavía unas décadas más.

El estilo de vida del ser humano moderno es la justificación perfecta para este modelo económico consumista y altamente irresponsable. Los que creían que el mercado se encargaría de resolver todos sus problemas eran realmente ingenuos o malintencionados. El mercado nunca será consciente de las verdaderas necesidades humanas. Hemos puesto nuestras vidas en manos de un psicópata llamado mercado. Hace dos décadas, cuando se hacían las primeras advertencias sobre las peligrosas consecuencias del calentamiento global, las burlas de los expertos oficialistas no se hicieron esperar: «Son unos cuantos 'verdes' radicales, excomunistas que quieren causar pánico», decían. Ahora que ya estamos sufriendo las primeras consecuencias, su discurso es: «Ya es demasiado tarde, no podemos hacer nada». Tendríamos que programar una recesión mundial que dure 20 años, por lo menos, y enfrentar todas las consecuencias sociales y políticas que esto generaría y, aun así, observar hasta dónde hemos causado daños irreversibles con nuestro elegante estilo de vida. A pesar de todo, vale la pena intentar el cambio ahora y no sentarnos a esperar que nos destruyan algún *tsunami*, las glaciaciones o los terremotos. Necesitas cambiar radicalmente tu forma de vida y consumir cada vez menos todo lo innecesario que el sistema te vende como imprescindible. Tienes que encontrar la conexión que existe entre una vida cada vez más artificial y el calentamiento del planeta. Infórmate, te lo suplico.

No estoy buscando culpables en el pasado, en el presente ni en el futuro. La culpa no existe, es tan solo una de las mayores enfermedades de nuestra mente. Tampoco podemos acusar a nuestras circunstancias. Mucha gente piensa que ellas definen el ser, yo no lo veo así. La capacidad de respuesta del ser humano es impresionante e impredecible, y cualquier coyuntura o circunstancia pueden ser lo mejor o lo peor que le puede pasar. Ahora, la gran pregunta es: ¿de qué depende nuestra respuesta ante las circunstancias? Depende, única y exclusivamente, de nuestra mente, del *software* que estamos usando, de nuestros patrones mentales.

Volvamos a nuestro recién nacido. Desde que viene al mundo, empieza a experimentar cada vez más y más sensaciones visuales, auditivas, táctiles, olfativas, etc. Va registrando todas estas experiencias y creando reacciones a partir del instinto. Con el exceso de luz, cierra sus ojos; con un golpe de puerta, se sobresalta; cuando se acerca una persona extraña, la rechaza. Es decir, va formando el patrón inicial que es la dualidad aceptación-rechazo. El niño aprende que hay cosas que le gustan y otras que no. Paralelamente, se va creando el patrón de diferenciación. Al principio, el niño vive en la unidad, no hay nada dentro de él que le diga que está separado del mundo y de las demás cosas. Él y su teta son uno solo, ni siquiera lo piensa, pero poco a poco surge la percepción de que a veces hay teta y a veces no, pues de pronto siente hambre y no hay teta. En ese instante, llora para expresar su disconformidad. A partir de ese momento, empieza a ser cada día más consciente de que la teta y él son diferentes. En alguna parte de su mente, sabe que existen «él» y su «teta», el yo y el no-yo.

Luego, empieza a reconocer más elementos. Descubre que, más allá de esa tetota omnipresente, hay otro cuerpo grandote por el que siente un infinito amor. Después, continúa identificando objetos, sonaja, manta, muñecos —no-yos—. Este es el origen del ego, el patrón de diferenciación. A este pequeño ser le suceden, a partir de entonces, miles de experiencias que irá manejando con su patrón aceptación-rechazo, dejando ya a un lado lo puramente instintivo para incorporar información de su código genético. Es decir, los patrones de aceptación-rechazo de sus padres: más azúcar, menos azúcar, no me gusta el zapallo, me encanta la manzana.

Seguimos avanzando, tenemos un año y medio, hemos aprendido a caminar, ya sabemos lo que es caer al suelo y conocemos el dolor. Al mismo tiempo, ya reconocemos también el placer, empezamos a percibir la gran dualidad. ¿Cuáles son nuestros primeros pensamientos, nuestro primer análisis de la situación? El placer nos gusta, el dolor nos hace llorar, y buscamos repetir interminablemente todo lo que nos da placer. «Quiero comer puré de manzana siempre, no me quiero caer ni comer zapallo». Ahí tenemos el tercer patrón, la polarización: siempre placer, nunca dolor.

Cuando mi hija estaba cerca de cumplir los dos años, nos habíamos preocupado, desde hacía tiempo, de no mencionar delante de ella la palabra «mío». Sabíamos que, en algunas lenguas americanas, no existe ese vocablo, así que, cuando jugábamos con ella, siempre era *nuestra* muñeca, *nuestra* pelota y así. Pero un día, durante el almuerzo, uno de sus hermanos tomó, de pronto, su cuchara y, con la ferocidad de una niña de dos años, ella le gritó: «¡mío!». Mi esposa y yo nos miramos, avasallados por la realidad. Luego, descubrimos que un niño con quien ella jugaba le había transmitido el secreto más poderoso de occidente: «mío» —cuarto patrón—. Sin embargo, aunque no hubiera tenido contacto con nadie que le comunicara esa palabra, el pensamiento de posesión ya estaba en su ADN, a través de nuestra herencia, y, tarde o temprano, hubiera terminado manifestándolo.

Con este cuarto patrón, ya tenemos las columnas sobre las cuales vamos a construir toda nuestra personalidad. A partir de ahora, podríamos detallar en una larga lista nuevos patrones, pero es bueno dejar que intentes reconocer tanto los comunes como los propios. Detrás de cada emoción, hay un patrón mental. Traten de ver cómo se activan, cómo funcionan y cómo ellos nos condicionan, escondidos en emociones como la cólera, la envidia, la alegría, los celos, la jactancia, la humildad, incluso el cariño.

Ya tenemos tres o cuatro años aceptando y rechazando, diferenciando el mundo de nosotros y diferenciándonos del mundo, estamos convencidos de que solo queremos vivir en el placer, ya hemos aprendido que mentir nos ayuda, a veces, a prolongar el goce y, cada vez, crece más nuestro patrimonio. Tenemos más juguetes, más ropas, más pertenencias. Aprendemos a diferenciar y valorar a las personas también por lo que nos regalan. Casi todos los vicios ya están formados, la distorsión está en su punto. No sé qué ingenua persona dijo que los niños son puros. Seguro que nunca tuvo hijos, ni sobrinos. Tampoco estoy diciendo que ellos sean puro egoísmo, pero hay ciertas partes en la mente que se forman equivocada y casi mecánicamente, y hay que llevarlas del error a la claridad en su momento adecuado. Por lo general, vamos a tener que corregir la mayoría de los patrones mentales que construimos hasta los 17 o 18 años.

Seguramente al universo le tiene sin cuidado que yo no esté de acuerdo con las etapas formativas de la mente tal como la vida las ha creado. ¿Por qué nuestra mente es como es? No lo sé. Podría ser de mil maneras diferentes y ten por seguro que tampoco estaríamos de acuerdo. Lo que sí sé es que la mente es como es y, si la miras bien, si la observas bien, algún día podrás llegar a cambiarla y reeducarla.

Los límites de tu mente

Una de las necesidades más importantes y difíciles que tenemos es observar los límites de nuestra mente. Es una de las prácticas que, desde un comienzo, deben estar presentes en tu intento de transformación. El primer paso es simplemente ver, observar. Es importante que sea así, para que realmente lo veas y no solo te imagines que lo ves. Ver el límite de tu mente no significa que, de inmediato, lo puedas trascender. Esto solo se logra con un acto de extrema sinceridad. Es una práctica que tiene muchos beneficios, pues no solo llegas a conocerte en profundidad —hasta el límite—, sino que pones a trabajar el no muy utilizado músculo de la honestidad. Muchas veces, cuando viene la gente y me cuenta sobre los libros que lee y sobre sus prácticas espirituales, me viene la imagen del burrito al que le amarran un palito con una zanahoria colgando delante de la nariz. Así el burrito camine eternamente, nunca logrará su objetivo: comerse la zanahoria.

Puedes ver el límite de tu mente cada vez que algo golpee frontalmente tu sistema de creencias. Cada vez que algo las ataca, cuestiona o contradice, escuchas en tu interior una voz que grita «Nooo». Esta negación está marcando, justamente, el límite de tu mente. Lo que viene es simple. Podemos, entonces, tomar dos rumbos. El primero consistiría en entablar una absurda discusión acerca de si estás loco por atreverte a cuestionar todo tipo de creencia para medir los límites de tu mente; y, el segundo, sencillamente, en ver el límite de tu mente. ¿Lo viste?

Con el ejemplo del burrito, traté de provocar una reacción de rechazo para facilitarte identificar tus límites. Este es solo el primer paso, no necesitas cambiar nada, solo observar y practicar cada vez que algo toque el límite de tu mente, solo estar atento. Una vez que has conocido tu límite en todas las áreas de la vida, mover los linderos hacia posiciones cada vez más flexibles será cosa de muy poco tiempo. En el caso contrario, si los hitos de tus creencias son de concreto armado, me disculpo. Al menos yo, creo que no puedo hacer nada.

Las enseñanzas

Cuando la gente toma enseñanzas de libros o de «maestros» que solo repiten cómo eran las cosas hace 1,000 años o hace 100, sin ninguna adecuación a las actuales circunstancias, las personas se confunden aún más. No niego sus buenas intenciones, pero estas no son suficientes. Ingenuamente, realizan todo tipo de extrañas prácticas cuyos objetivos están siempre más allá de su realización inmediata, en el mejor de los casos. Sueñan con levitar o tener telepatía, pero son incapaces de dejar de mentir o de autoengañarse.

Lo que da valor a una enseñanza es que esté viva. La enseñanza viene directamente de la fuente de la vida a través de alguien que está en conexión con ella. La verdad nunca cambia en esencia, pero necesita una permanente adecuación en la forma. En cada tiempo y a cada segundo, la verdad requiere ser reinterpretada, replanteada a la medida de la necesidad de la mente de cada ser al que nos queremos dirigir. Mientras que, para uno, la enseñanza será de tal manera, para otro, podrá ser de la forma contraria. No podemos congelar la verdad ni la enseñanza porque, en menos tiempo del que nos toma pensar en ellas, ya se nos escaparon, ya necesitan otro cambio. La verdad siempre será nuestra eterna fugitiva, debido a su simultánea doble naturaleza. Está y no está, siempre es y no es, como la luz: onda y partícula, simple y compleja, absoluta y relativa, volátil y eterna. Además, la verdad total siempre está más allá y por encima de nuestras percepciones.

Una vez que el canal deja de funcionar o desaparece, los cientos de libros que pudieron quedar sobre esa enseñanza carecen mayormente de sentido, porque lo que lees fuera de contexto puede confundirte mucho más que aclararte. Esto lo hemos visto después de la muerte de todos los grandes maestros del siglo pasado. El abismo entre el maestro y la siguiente generación es exagerado. La enseñanza comienza a distorsionarse, a desmoronarse, y termina convirtiéndose en lo opuesto.

Una enseñanza puede ser dada a una persona en forma aparentemente contraria con relación a otra. Lo que para uno es medicina para otro es veneno. Durante miles de años, la gente solo se preocupaba por sembrar más trigo para tener tranquilo el estómago o acumular cosas materiales, y había que instarlos a ocuparse de las cosas del espíritu. En estos tiempos, debemos verlo en forma complementaria. Basta de pensar solo en el espíritu, honremos nuestra materia y ayudemos a parar la destrucción de la madre tierra.

Fotos en vez de películas

El mayor obstáculo para cambiar nuestra mente es que ella es la primera que va a recibir la información y, sencillamente, no está de acuerdo con ningún cambio sustancial. Criticará y buscará desacreditar con todos los argumentos posibles cualquier información que atente contra la estabilidad de sus patrones creados, a través de los cuales «domina» toda situación.

Imagínate que en la sucursal de una empresa, el portero ha sido despedido mediante una carta de la oficina principal. Él, evidentemente, será quien reciba la carta. ¿Tú crees que él se la va a entregar a su jefe inmediato? Así trabaja nuestra mente. Mientras vas leyendo, tu mente no cesa de cuestionar desde su propia trinchera esta propuesta, pero hay muchas cosas entre líneas que se van filtrando y, finalmente, no se trata solo de papel y letras sino, principalmente, de una energía dirigida a tu corazón, a tu intuición.

Este patrón mental de defensa es muy curioso y vale la pena darle unas líneas. Nuevamente, nos encontramos ante la gran pregunta: ¿qué es verdaderamente tu ser?, ¿quién eres tú? Como dije desde un principio, prefiero que seas tú quien lo responda algún día, pero lo que sí te puedo decir es que tu mente es solo parte de ti, no eres tú. Tu trabajo es observar quién utiliza a quién para liberarte de toda confusión; es decir, si tú utilizas tu mente o si ella te utiliza a ti.

Nuestra mente es una suerte de mecanismo que crea sus propios mecanismos. Crea procedimientos automáticos en base a información acumulada para no tener que pensar la misma cosa millones de veces. Una vez que aprendemos a caminar, ya no tenemos que pensar cómo se camina. Esta es una función maravillosa. Pero el problema surge cuando pretendes aplicar esta función mecánica a las relaciones humanas o, simplemente, a todos los sucesos que te toca enfrentar, sin discriminar qué sistema de pensamiento utilizar y, por costumbre o flojera, dejas que opere el sistema mecánico. Yo diría que uno de nuestros más grandes problemas es la pereza. Tenemos que aprender a vivir en el incansable intento de solo utilizar la parte mecánica cuando sea estrictamente necesario.

La vida es como una película donde todo está en constante movimiento y a nuestra mente le gusta tomar fotos y congelar imágenes de situaciones y personas y ponerlas en un fichero. A partir de ellas, emite juicios, establece patrones de conducta y hasta hace predicciones de cómo se comportarán las personas en determinadas situaciones. Le encantan la estadística y las generalizaciones. La mente dice: «Juan es así y Pedro siempre se comporta de esta manera». No toma en cuenta que Juan y Pedro son seres humanos que van cambiando y evolucionando.

Hay cosas en la vida que definitivamente son mecánicas, pero hay muchas otras que no lo son, y la mente se siente como insegura e intimidada por estas últimas. Ella quiere controlarlo todo, predecirlo, anticiparse, sentirse segura. Es, por definición, totalmente opuesta a la naturaleza de la vida. La paradoja es que, siendo la mente voluble, cambiante e inestable, no tolera los cambios y menos sin su consentimiento. No le agrada perder el control porque demora un tiempo en volver a adaptarse. Y lo más contradictorio es que detesta la monotonía y siempre está ávida de nuevas sensaciones.

Nivel de conciencia y mente fragmentada

Uno de los más grandes errores que comete nuestra mente es creer que tenemos un nivel de conciencia estable. Nuestra conciencia fluye como una onda en el tiempo. A veces, se encuentra arriba; a veces, abajo.

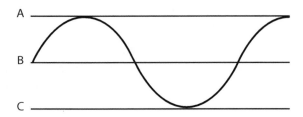

La línea A significa el nivel máximo de conciencia, la línea B es el nivel medio y la línea C, la inconciencia. Todos, en algún momento del mes, de la semana o del día, tenemos la conciencia en su máximo nivel y, entonces, comprendemos las cosas más elevadas y hacemos las más profundas reflexiones. Pero ¿qué pasa? Transcurre el tiempo y ese estado se disuelve, se va perdiendo, cambian las circunstancias, dejamos de leer ese libro de «espiritualidad» o terminamos una «elevada» conversación con nuestros amigos o con algún maestro, y tenemos que continuar la vida y resolver un sinnúmero de trivialidades, ir al trabajo, salir de compras, arreglar el auto. Pasamos de ser trascendentalistas a simples personas absortas en el diario quehacer. Han pasado cuatro horas tal vez, las emociones de amor altruista no se sienten tan intensamente y nos ponemos más fríos y calculadores para poder resolver cosas prácticas. Nuestro nivel de conciencia ha cambiado, pero nosotros no lo hemos notado.

Tenemos solo el recuerdo de fragmentos de conciencia pero no existe el hilo que los conecte. Luego, por accidente, alguien nos agrede, nos ofende, nos pisa el pie y ni siquiera nos pide perdón. Es más, nos echa la culpa, y nosotros nos enfurecemos, le gritamos, lo insultamos, no solo por su descuido, sino por su inconciencia, su falta de respeto, porque nos ha causado dolor, nos ha pisado el pie y ni siquiera se ha disculpado adecuadamente. En ese momento, lo peor que nos puede pasar es que alguna persona cercana nos diga: «Ya déjalo, no te enfurezcas». No hay nada en el mundo que nos enfurezca más que alguien nos diga que no nos enfurezcamos cuando estamos furiosos. Es como apagar un incendio con gasolina. Inmediatamente, nos enfurecemos con la persona cercana porque «no nos comprende» y le damos todos los argumentos posibles para justificar nuestra furia. Nuestro patrón mental de «espiritualidad» no admite que tengamos un ataque de furia, justificada o no, así que no aceptamos ni que estamos furiosos ni que fue un accidente chocar con una persona tan insensata.

No somos capaces de ver y aceptar que nuestro nivel de conciencia está en su mínima expresión. Tenemos que dejar que nos pase la furia, nos enfriemos un poco y, lentamente, vayamos recuperando nuestro estado «promedio». Pero ¿qué pasa si en el momento más intenso de nuestro enojo aceptamos nuestra furia y reconocemos que hay emociones que nos desbordan, que no somos perfectos, que la vida está llena de accidentes desagradables, y que hay que ser tolerantes, a veces exageradamente flexibles, y recuperar el buen ánimo cuanto antes, pues en buena cuenta a quien más daño hace nuestra furia es a nosotros mismos? Así que mientras más rápido reconozcamos nuestro estado de ánimo, más rápidamente podremos redirigir nuestra línea de conciencia en forma ascendente.

Nuestros patrones mentales bloquean nuestra conciencia. Por eso, no podemos ver cuando mentimos o nos enfurecemos. Porque hay un patrón mental muy poderoso que oculta esas cosas negativas que «nosotros *no hacemos*». Él nos dice: «Nosotros no nos comportamos así». En ese momento, se interrumpe la conciencia y salta de un fragmento a otro. Es algo así como editar una película, suprimimos la parte que no nos gusta. Cuando se desarrolla el «testigo», el observador, uno acompaña y es la conciencia a través de todos sus niveles y no duda en sumergirse, temporalmente, en todas las emociones negativas, pues en esa etapa lo importante no es tenerlas o no, sino ser conscientes de ellas.

La ilusión del Yo

Cuando consideramos nuestra realidad interna, no hay más grave daño o vana ilusión que creer que existe un Yo consolidado. Este patrón mental de creernos siempre mejor de lo que somos queda anulado si podemos recordar la contundente realidad: ni siquiera tenemos un Yo. Normalmente, existe en nuestro interior una serie de personajes, de individuos en formación, cada uno con sus propios intereses, sus propios sueños, sus propias contradicciones. No es tan simple como decir que existe una parte buena y una parte mala. ¡No!, es muchísimo más complejo. Dentro de nosotros —en nuestra mente—, no solo viven un pueblo o una nación, sino muchas naciones. Es muy importante observar que no existe un solo Yo, sino muchos.

Estamos acostumbrados a mentir para obtener lo que queremos, y ese mismo patrón lo aplicamos tanto a nuestros procesos exteriores como a los interiores. Estos personajes interiores suelen estar en lucha por la supremacía y no escatiman usar la mentira y el boicot para poder prevalecer. Esta es una de las principales causas de nuestro autoengaño.

Un personaje en tu interior quiere amar la verdad, pero hay 50 otros que no la quieren, no la buscan, no les interesa. Alguien en tu interior se preocupa por tener una mejor relación con la madre tierra, pero existen 50 más que no están dispuestos a sacrificar ni un poquito de su comodidad para contaminar algo menos. Ese pequeño y ecológico Yo tiene 50 voces en contra que tratarán de mentir —de distorsionar la realidad— levantando todo tipo de argumentos «racionales», hasta científicos, para evitar que el personaje consciente gane terreno.

Así funcionan la sociedad, las instituciones, las familias. Están compuestas por individuos sin un Yo real, no son «unidades». Es iluso pedirles un compromiso o una palabra, porque el que firma el contrato no es quien va a trabajar. Para salir de los enredos que nuestros personajes van creándonos por la vida, inventamos mil excusas de por qué actuamos de tal manera. Frecuentemente, hacemos un espantoso ridículo pretendiendo engañar a los demás, porque muchas personas se dan cuenta de que decimos algo y hacemos lo contrario.

Mentimos para salvar nuestra imagen pública —que es, en verdad, lo que más adoramos— para intentar ocultar que, por dentro, somos un mar de contradicciones y, así evitar que se descubran nuestras fábulas y nuestro caos. Tenemos que montar cada vez un mejor cuento, una mentira más grande, incluso una filosofía o una religión que nos justifiquen. Nos encanta representar el personaje de persona coherente. Pasamos la vida tratando de justificarnos ante de los demás solo para mejorar nuestra imagen social. Pero de todos estos personajes, ¿quién toma el control?, ¿cómo se da la sucesiva alternancia entre nuestros fragmentos en la toma del control de nuestra vida?

Creo que hay tres aspectos que influyen en esto. El primero es que hay personajes más fuertes o dominantes, más recurrentes o más desarrollados. El segundo es que, con la mínima conciencia de que disponemos —1% o 2% de nuestro potencial—, podemos rodearnos de influencias que hagan resonar el tipo de personaje que deseamos reforzar. Así elegimos nuestro alimento, música, lectura, ropa, amistades, actividades. Todo esto influencia a los personajes. En tercer lugar, debemos considerar el carácter fortuito de la vida misma que, en algunos momentos, se vuelve determinante.

Cuando hablo de mente fragmentada, no solo me estoy refiriendo a la ausencia de memoria o de conexión entre los distintos momentos de nuestra mente, sino también a la sucesión de cada uno de estos personajes en el control de nuestra vida, que curiosamente se denominan a sí mismos Yo. Imaginemos que llamas a una casa que tiene un solo teléfono y 50 ocupantes. Todos se llaman Pedro y la mayoría son mitómanos. ¿A quién le dejas el mensaje?

El arte consiste en arreglar tu «país» interno, reconocer primero todos tus personajes, luego pacificarlos, después iniciar un diálogo entre todos ellos hasta que se acaben las guerras y sabotajes internos y, por último, elegir el proyecto de vida que pueda salir adelante. Definitivamente, no podemos realizar todos nuestros intereses, sobre todo si son contradictorios. Muchos se tendrán que quedar en el camino. Este es uno de los puntos que tenemos que tener más claros para no arrastrar de por vida pensamientos como «debí hacer aquello» o «debí hacer lo otro». Lo importante es que todas las decisiones sean tomadas desde un lugar profundo y no desde la superficie de nuestra mente, impelidos por nuestros patrones mentales y arrastrados por fuerzas ciegas y mecánicas, que al final solo nos traerán dolor. Decisiones como con quién formar una familia o qué profesión seguir ameritan la preparación de un espacio-tiempo sagrado que nos permita elegir desde la máxima profundidad. Espacios como la Búsqueda de Visión o rituales similares cobran mayor importancia en tiempos de tanta confusión.

¿Sabes realmente lo que quieres?

Una de las cosas más difíciles de lograr en la vida es saber, en este momento de tu evolución, qué es realmente lo que quieres. ¿Qué quieres en primer lugar, en segundo lugar y en tercer lugar? Hasta que no tengas esto claro, tu progreso se hará a duras penas pues tu energía está divida y tus esfuerzos también. Debes ser absolutamente honesto contigo mismo. Si todavía quieres distraerte un tiempo, no andes diciendo que quieres caminar un camino sagrado. Si todavía quieres jugar con el sexo y acumular hermosas experiencias, no digas que quieres formar una familia. La mayoría de las cosas no son buenas ni malas en sí mismas, sino en su contexto. La relatividad de las cosas es otro sentido de la cuatripartición. Existen un bien relativo y un mal relativo, un bien absoluto y un mal absoluto. Para mí, el bien absoluto es la honestidad y el mal absoluto, la mentira. El problema principal no es que tengas tres parejas al mismo tiempo, sino que mientas para mantenerlas.

La mayor enseñanza que recibí al cuarto año de Búsqueda de Visión, luego de ayunar trece días, es que la vida se expresa a través de nosotros de cuatro maneras y estas son nuestras cuatro puertas: lo que sientes, lo que piensas, lo que dices y lo que haces. Cuando logras que lo que sientes, lo que piensas, lo que dices y lo que haces estén en la misma línea, tu camino se endereza. Normalmente, sentimos una cosa, pensamos otra, hablamos lo contrario y, al final, hacemos cualquier cosa. Por eso, es necesario saber qué es lo que quieres, para que cumplas tus metas, para que no reprimas nada, para que no postergues tus verdaderos deseos. ¿Es sexo lo que quieres? Pues tenlo de forma lícita y transparente, no engañes a nadie. ¿Quieres dinero? Gánalo lo más dignamente que puedas. ¿Quieres poder? Esfuérzate por merecer la confianza. Cuando lo hayas logrado todo en forma legítima, podrás dejarlo todo sin ningún dolor, sin ningún reclamo. La trampa está en cuánto sexo, cuánto dinero y cuánto poder quieres para ti antes de trascenderlos.

Es algo muy simple, muy elemental. Alguien que se apropia de lo que no le pertenece todavía no descubre el placer de la honradez. Alguien que disfruta engañando a su pareja todavía no descubre el placer de la honestidad. La fidelidad y la honradez no son un problema moral. Yo los veo con relación a nuestro nivel de desarrollo mental. ¿De qué disfrutas realmente?

La mente va aprendiendo, sutilizándose y, al principio, se deleita con cosas muy básicas pero, a medida que evoluciona, va descubriendo nuevas formas de legítimo placer, cada vez menos condicionadas por el egoísmo. La moral es, al final, solo un mecanismo de contención social, un instrumento de represión, otro factor condicionante, nada más. Se trata de aprender a realizar las cosas porque son buenas y porque disfrutamos haciendo el bien. Es evidente que, para ciertos grupos, la moral es necesaria pues hay que decirles que no es bueno matar, robar, mentir etc. Pero luego, lo que hay que desarrollar es el placer de hacer el bien, de decir el bien, de pensar el bien. La represión no nos conduce a un logro duradero. Reprimir es como presionar resortes. Apenas te cansas o te descuidas, regresan a su forma original. Uno no puede cambiarse a sí mismo a través de la represión. Mi propuesta es cambiar por placer. Por amor. Uno deja de mentir cuando ama y disfruta más una verdad que una mentira, uno deja de fumar cuando ama más el aire puro que la nicotina en los pulmones. Si realmente amas a tu pareja, a tu familia, a tus hijos, el amor va hacer que, por lo menos, lo pienses dos veces antes de traer más sufrimiento a quienes dices amar. La pregunta es: ¿cuánto quieres realmente lo que dices que quieres? Este es el meollo del asunto.

Nos comprometemos en una relación, hacemos una familia, tenemos hijos cuando todavía no nos conocemos lo suficiente y aún no somos conscientes de todas nuestras incoherencias. Creemos que amamos a nuestra pareja pero, después de unos años, no hacemos sino agredirnos y menospreciarnos porque se convirtió en un obstáculo para otros intereses. Todos los seres humanos somos muy parecidos en esto, todos tenemos muchos intereses, normalmente contradictorios, pero nuestra mente fragmentada no lo percibe así. Salta de un tema a otro y crea conflictos sin importarle mucho el daño que va causando. No nos enseñan a ser sinceros poniendo sobre la mesa todos nuestros intereses, ni a resolver medianamente nuestras contradicciones y prioridades.

La memoria

Otro asunto importante es la memoria, el recuerdo. No estoy hablando de la memoria de la mente, aquella capaz de recordar 50 números telefónicos, nombres, direcciones, cumpleaños. Hablo de la memoria del observador, la memoria de la conciencia, del testigo. Pruébalo de la siguiente manera: por 15 minutos trata de estar atento en forma totalmente ininterrumpida a la sensación que produce el aire en la punta de tu nariz cada vez que sale y entra. Si te distraes, vuelve a empezar. Este simple ejercicio puede mostrarte con claridad el funcionamiento de tu mente con relación al tiempo y a la conciencia.

Nuestra mente fragmentada salta de un pensamiento a otro y no recuerda con la misma intensidad ni nitidez lo que sucedió, lo que pensó ni lo que dijo apenas unos momentos antes. La memoria de la que estamos hablando es el fluir de la conciencia con relación al tiempo, nuestra cuarta dimensión. Volvemos a nuestra gran dualidad, nuestro gran binario Espacio-Tiempo. No solo se trata de ser conscientes de lo que sucede en un espacio con sus dimensiones —largo, alto y profundo—, sino también de cuánto tiempo somos capaces de «sostener» esta conciencia ininterrumpidamente. ¿Cuánto dura el intermedio entre un momento consciente y el siguiente?

Son muy frecuentes los malentendidos o las enseñanzas equivocadas en torno al Tiempo. Quieren negar su realidad o desestimarla así como lo han querido hacer con la materia. El Tiempo es una realidad tan sagrada como el Espacio, es una energía primordial, existe desde el mismo comienzo de la creación. Para mí, es mi padre, así como el Espacio es mi madre. La confusión está en nuestra forma primitiva y estereotipada de medirlo. Nuevamente, nuestra lógica dual choca con la posibilidad de un tiempo relativo y solo acepta un tiempo mecánico. Y la verdad es que hay muchos «tiempos» y todos coexisten.

Recuerden qué largos pueden volverse los días o las horas cuando se está realizando un gran esfuerzo o se está atravesando una prueba dolorosa, y cómo vuelan cuando estamos disfrutando. Nuestra percepción del tiempo varía en función de nuestras emociones. Por eso, si alguno de los logros espirituales que crees tener no ha pasado la prueba del tiempo —la cuarta puerta— no lo consideres real.

No podemos decir que entendemos el cuaternario o la cuatripartición hasta no haber recorrido un sinnúmero de veces esta secuencia de uno, dos, tres, cuatro, y recordarlo… Toma en cuenta que cualquier intento de entender o explicar esto es tan solo eso, una aproximación, una tentativa desde algún punto de este infinito espiral.

El ego

No es ningún representante siniestro puesto en nuestro interior como castigo divino. Puede ser como el capullo que nos envuelve y nos protege mientras crecemos y maduramos y que, en su debido momento, tenemos que saber dejar.

El ego es nuestra ofrenda, aquello que criamos desde la niñez y que nos encargamos de alimentar y embellecer. Es el cordero que criamos y engordamos para la fiesta del pueblo. Desde que es pequeñito, sabemos que lo vamos a ofrendar, pero no por eso le restamos cariño. En el mundo, hay gente en muy diferentes niveles de evolución. Mientras que para unos es tiempo de presentar su ofrenda, para otros es tiempo de engordarla. ¿Qué hacemos en la fiesta presentando un cordero flaco?

Muchos necesitan una oportunidad para crecer, realizarse, ser felices, estudiar, trabajar, tener familia y poder darle una vida digna. No necesitan una religión que les diga: «Sufre hermano, porque el sufrimiento purifica». ¿De qué le sirve a un hombre del «tercer mundo», abatido, aplastado por el sistema, que le digan «Renuncia hermano a lo material, interésate en lo espiritual»? ¿De qué le sirve renunciar a un ego que no tiene porque su autoestima ha sido puesta por los suelos? El secreto está en saber cuándo «matar al marranito».

La cultura judeo-cristiana

Me gustaría que este trabajo de transformación no implicara cambios en nuestro interior a veces tan dolorosos, pero honestamente esto no es posible, y es bueno irlo sabiendo. Los cambios no son dolorosos en sí mismos, sino que nos duele desapegarnos de muchas creencias que son, justamente, las que están impidiendo nuestro avance.

El verdadero problema es que estamos totalmente identificados con nuestra mente, con nuestras creencias, y apenas percibimos una crítica o un cuestionamiento sobre ellas, saltamos como si nos hubieran herido con una lanza o nos hubieran tocado lo más sagrado. Tranquilos. Lo primero que hay que aprender es que las creencias son solo eso y que están en la mente. Son *parte* de tu ser, no son tu ser. Nunca son ni serán lo más sagrado que hay en ti. Claro que son respetables dentro de su propio universo. Las puede haber más o menos equivocadas o más o menos acertadas, pero siempre serán creencias. Cualquier persona atenta recordará cuántas veces en su vida pudo cambiar de ideología y enemistarse con la gente o con el mundo por esa causa. En todo caso, el apego a nuestras creencias es la prueba del grado de fundamentalismo en el que cada uno se encuentra.

Todos sabemos que existen guerras religiosas y que hubo sistemas como la Inquisición para exterminar a todos los de ideas diferentes. Si bien los sistemas inquisitoriales han terminado, cinco siglos después no han desaparecido los efectos de esta ciencia del tormento. Debemos ser extremadamente justos y ponderados al examinar las antiguas enseñanzas y paradigmas que rigen y definen nuestro mundo interno. A través de nuestras ideologías, estamos afectando gravemente el planeta. Puede que algunas enseñanzas hayan cumplido ciertos propósitos en nuestra evolución —lo que siempre podría ser discutible, al igual que sus intenciones— pero aun queriendo creer que la motivación era buena, me parece necesario aclarar algunas cosas y rechazar otras por considerarlas altamente perjudiciales.

Coincido con muchas personas que estudian las diferentes culturas y que proponen alternativas a este sistema devorador y hegemónico al que denominamos cultura occidental, en que más allá de su enriquecimiento y maduración gracias a muchas otras tradiciones, sus verdaderas raíces se encuentran en lo que llamamos el judeo-cristianismo. Por eso, es mucho más propio utilizar el término «cultura judeo-cristiana» que «cultura occidental». Además, este último alude a una diferenciación geográfica poco real, sobre todo teniendo en cuenta que dentro de ese territorio geográfico —occidental— han existido y aún existen culturas con una concepción de la vida diametralmente opuesta.

En este punto, es necesario hacer una importante aclaración. Reconozco a Jesús de Nazaret como uno de los grandes maestros de la humanidad y sus enseñanzas como un aporte importantísimo. Sin embargo, no todos los que se autodenominan cristianos hacen honor a la sabiduría del gran maestro. Muy por el contrario, a modo de una moderna franquicia, se han apoderado de la «marca», ignorando el profundo sentido de su mensaje: el amor. No puedo evitar señalar cómo siglo tras siglo fueron convirtiendo nobles enseñanzas en una práctica totalmente contraria. Como en un estanque de agua en cuyo centro arrojamos una piedra, los círculos de expansión que se van alejando del punto de origen van cambiando de polaridad hasta llegar a expresar la energía contraria. Esta es una ley para todos los casos.

Lejos de adoptar en este siglo una comprensión universal de la igualdad y de lo sagrado de todas las tradiciones, la mayoría de iglesias cristianas parecieran actuar como movimientos políticos preocupados más por hacer trabajo proselitista que religioso. Especialmente en América del Sur continúa esta gravísima agresión contra lo que queda de nuestras culturas y tradiciones sagradas. Aún permanece el argumento de «la religión verdadera» y «la palabra de Dios», con el que siguen invadiendo y destruyendo nuestras tradiciones. Hoy, no solo es imperativo pedir perdón, sino hacer una declaración pública reconociendo la validez y dignidad de todas las religiones nativas del mundo. Esto no aliviaría en nada el daño y el dolor causados durante siglos, pero sí ayudaría mucho a quienes, aún hoy, consienten y siguen creyendo necesarios los crímenes cometidos en nombre de la «fe». En este tiempo, el silencio se vuelve el mayor de los cómplices.

En pocos siglos, los nobles miembros, santos y mártires de los inicios se convirtieron en parte de una poderosa maquinaria política con la misión de destruir y raer de la faz de la tierra toda concepción o cultura que no aceptaran sus santos dogmas. Pasaron de perseguidos a perseguidores, de mártires a martirizadores, destruyendo a su paso una larga lista de pueblos y culturas, empezando por las tradiciones europeas como las celtas, vascas, bretonas, galas, vikingas y muchas otras. Se impusieron a sangre y espada de la mano del poder de turno. Y esta nueva cultura judeo-cristiana traía como mensaje la salvación a través del amor... Como diría Ricardo Espinosa: «Dios es amor, matemos al que no está de acuerdo».

La habilidad de los políticos para confundirnos ha sido notable en toda la historia de la humanidad. Es sorprendente cómo manipulando un discurso, una enseñanza que, en esencia, es verdadera, es posible llegar a materializar lo contrario. No estoy juzgando a líderes religiosos. Estoy señalando la habilidad de líderes políticos para infiltrarse en movimientos religiosos e, incluso, dirigirlos.

Guiada por una fe verdaderamente ciega, luego de consolidar el poder y la hegemonía en Europa, la cultura judeo-cristiana se abre paso hacia otras tierras portando «la palabra de Dios» y el mensaje evangelizador, «llevando la verdadera fe», «destruyendo la oscuridad y la ignorancia del mundo pagano». Sin duda, casi lo logran. Y si no fuera porque la vida y el universo tenían otros planes, nos hubieran «extirpado» no solo nuestras idolatrías. No sabían que, en el universo, el principal culto es a la diversidad en todas sus formas: culturales, religiosas, biológicas.

Construyeron una cultura dogmática en la que el cuestionamiento a su revelación divina era penado con la muerte. A través del terror, crearon «verdades» incuestionables que, después de casi 2,000 años de miedo y torturas físicas y psicológicas, han logrado que la inmensa mayoría de sus fieles no se pregunten mucho. Cosas tan normales y hasta saludables como analizar, debatir, incluso dudar, fueron convertidas en sinónimos de blasfemia y herejía. Todo aquello de lo cual nunca se duda, que nunca se cuestiona, que nunca se ventila, finalmente huele mal. La gran mayoría de las personas nunca se han permitido siquiera preguntarse si aquellas palabras escritas en los «libros sagrados» de todas las religiones del mundo, por más hermosas y sabias que parezcan, han sido escritas realmente por Dios o si han sido, más bien, la inspiración de un «buen hombre». Las comillas obedecen a que no creo que alguien que mienta sobre la paternidad de sus escritos sea tan bueno.

No creo que Dios haya escrito absolutamente nada. Su creación, el universo, habla por sí sola y en todas las lenguas para quien quiera escuchar y sepa realmente «leer el libro de la vida». Sí creo que algunas escrituras hayan podido ser «inspiradas» por fuerzas, energías o entendimientos superiores a la mente humana, pero también creo que el grueso de estas «escrituras sagradas» es creación humana que, en el intento de ganar credibilidad y aceptación, recurre a hacer firmar a la divinidad en vez de asumir modestamente la autoría de la obra. Este es uno de los puntos más oscuros de las religiones. Prefiero pensar que el acto de usurpar la rúbrica divina para las humanas creaciones es más el producto de místicos delirios que del premeditado dolo y la mala intención. Admiro más a una persona que propone una idea, la escribe y la firma —aunque el tiempo demuestre que no fue tan acertada— que a otra que afirma que lo que escribió fue palabra de Dios y que amenaza con la condena eterna a quien no le cree. Es una grave falta de respeto a la libertad y a la dignidad humanas el hecho de que alguien siquiera pretenda amedrentarnos de esa manera.

Podemos seguir creyendo que fueron delirios místicos y no mala intención. Pero eso no nos salva del daño que se hizo, se hace y se seguirá haciendo hasta no devolver la dignidad a las demás tradiciones. Tampoco se trata de desconocer todo lo positivo que las religiones han aportado al ser humano. Hay que darles nuevamente la oportunidad de cumplir la misión de *religar*, ya no según su viejo paradigma del hombre con Dios, sino de *religar* nuestra *razón* con nuestro *sentimiento*. Les pido que no nos sometan a su condenación eterna por no creer que ellos son los únicos representantes del Dios del amor; que entiendan que como humanidad es urgente llegar a grandes acuerdos entre los seres humanos.

Escribo estas líneas principalmente para las personas de buena voluntad que pertenecen a movimientos religiosos y viven esperando poder ver en esta vida algún progreso en su conciencia. Por eso, quiero decirles, con todo cariño, que nada que se construya sobre la mentira puede traer algún progreso en la conciencia. Una buena táctica sería, quizá, pasar por alto todo el engaño, no señalarlo y no hablar de los aspectos negativos como el daño concreto que causan algunas religiones, pero, en realidad, no pretendo seguir una estrategia «ganadora». Mi compromiso es con la realidad y con mi pueblo que todavía lucha por su supervivencia contra la destrucción nuestra de cada día en nombre de «Dios». No creo que todas las barbaridades religiosas sean necesarias ni que tenga que haber siempre un perfecto argumento espiritual para justificarlas. Mi propuesta va dirigida al hombre y a la mujer sencillos, que están esperando una pequeña señal del universo que les muestre por dónde seguir su camino.

Hace algunos años, después de una hermosa ceremonia de ayahuasca, me encontraba una mañana transplantando unas pequeñas coliflores desde su almácigo hasta su lugar definitivo. De pronto, apareció uno de los participantes. Era un muchacho joven que venía de una gran ciudad del norte del planeta. Tenía un corazón tan grande como su sonrisa. Sus ojos brillaban de contento mientras se acercaba cruzando el terreno donde me encontraba sembrando. Cuando llegó a mi lado me preguntó dulcemente: «¿Puedo ayudarte?». Yo le respondí con otra sonrisa: «Sí, pero, por favor, primero bájate de la coliflor». No se había dado cuenta de que, en su camino, había matado varias docenas de coliflores recién transplantadas y, finalmente, se había quedado parado sobre otra. No se trata solo de tener la más pura y noble intención, se necesita también una mente amplia y sin dogmas, que nos permita evaluar honestamente el posible daño de nuestros buenos propósitos. Primero, hay que ver dónde estamos parados. Para algunos, es fácil borrar 5,000 años de cultura; para otros, estos últimos cinco siglos solo han sido un pequeño tiempo oscuro. Así, quiero decirles entonces a todos los queridos hermanos que desean «darnos una mano», que primero hay que mirar bien dónde estamos parados.

Una de las verdades más grandes que alguna vez alguien me transmitiera se expresa sencillamente en tres palabras: «Todo está bien». Desde el primer momento en que lo escuché, algo cambió en mí para siempre. Cuando lo compartí con algunos amigos, hubo quienes lo recibieron de inmediato, pero también quienes lo cuestionaron sinceramente porque no entendían cómo, en medio de tanto sufrimiento e injusticia, era posible rezar con nuestro pueblo «todo está bien». Ciertamente, es muy de difícil de entender. Rezar que «todo está bien» es hablar desde el mismo corazón del creador, significa verlo todo como medicina, es la aceptación total de lo que está pasando. Quiere decir que mi mente ya no opone más resistencia a la realidad. Es entender el mal como un suceso transitorio, pero aceptarlo todo tal y como es. Pero, a veces, este rezo se puede convertir en algo más peligroso que una bomba atómica, pues esconde la posibilidad de alojar el error y la propia negligencia. Cuando estaba realizando mi última Búsqueda de Visión, uno de los propósitos principales era encontrar la reconciliación entre este maravilloso rezo con los incomprensibles e inútiles sufrimientos que causaban algunos de los que rezaban de esta manera. Después de ayunar 17 días en la montaña, el gran misterio respondió: «Claro que todo está bien, pero ¿por qué no puede estar mejor?». Si bien los creadores hicieron todo muy bien, tampoco nos prohibieron intentar mejorar algunas cosas, empezando por nosotros mismos.

Capítulo III

El ternario

Los tres mundos andinos

Los antiguos tawantinsuyanos ordenaron su espacio mítico y concreto de la siguiente manera: entendieron que había tres mundos o tres realidades que interactuaban entre sí y con todo lo que existe.

El *Hanan pacha* es el mundo de arriba, de lo alto, considerando tanto la parte concreta y real —los cuerpos celestes y las estrellas— como el espacio mítico, pero también real, que servía de residencia a muchos *Apus* y espíritus como *Tayta Inti* —el Sol—, *Mama Killa* —la Luna—, *Illapa* —el rayo—, *K'uychi* —el arco iris—, planetas como *Qoyllur* —Venus—, *Unquy* —la constelación de las Pléyades— y la *Chacana* —la misma Cruz del Sur—, todos considerados divinos y moradores de las alturas.

El animal que representaba este espacio es el majestuoso cóndor que, con su imponente y elegante vuelo, es el rey indiscutible de las alturas. Los *Apus* —espíritus de los cerros— son considerados, hasta hoy, personajes integrantes de esta gran familia de todo lo que existe. Entre ellos, también hay jerarquías y particularidades. Por ejemplo, el *Apu* Ausangate es considerado el principal en toda la región del Cusco. Luego, hay varias docenas de *Apus* importantes hasta llegar a los puramente locales. Cada uno de ellos tiene su propia personalidad y características. La gran mayoría de ellos se consideran como energías masculinas, pero también se conocen algunos cuantos que son femeninos —*Ñustas*—. Los *Apus* tienen la capacidad de protegernos, curarnos, darnos felicidad y prosperidad. Según la visión andina, es fundamental mantener una muy buena relación con ellos y tenerlos constantemente presentes, ofreciéndoles siempre nuestro respeto. Incluso, antes de comer o de consumir algo, es tradición soplar lo que vamos a consumir en dirección a los *Apus* con quienes queremos compartir. El *Kay pacha* es el mundo de aquí. No podemos decir «el mundo real», porque los tres mundos son igualmente reales. Sin embargo, es dable entender que se refiere al mundo donde transcurrimos la mayor parte del tiempo con nuestra conciencia ordinaria, a veces demasiado ordinaria. Es un lugar que sirve de puente entre el mundo de arriba y el de abajo; es un mundo de relación, la puerta hacia el mundo de arriba y hacia el mundo de abajo. Su característica principal es la paridad en complementariedad.

El *Uhu pacha* es el mundo de abajo, donde viven cierta clase de espíritus de la tierra y los espíritus de los antepasados, donde van los muertos, donde se depositan las momias —los *mallkis*—. Es el mundo también de las plantas sagradas, de la medicina, y el mundo interior que se encuentra dentro de cada uno. El *Uhu pacha* es también al que se le pide que reciba todas nuestras enfermedades, para que las transforme. Muchas veces, se dice que la enfermedad se puede ver como un desorden de las cosas —que pertenecen a un mundo y que se encuentran en otro— y que, ordenándolas, uno recupera la salud.

El yanantin y los tres mundos

El *yanantin* es uno de los conceptos fundamentales en el mundo andino. Proviene del reconocimiento elemental que todo o casi todo ha de tener su opuesto, su par, su complemento. Este entendimiento de los opuestos/complementos es fundamental, no solo para entender el mundo andino, sino la vida misma. Etimológicamente la palabra yanantin viene del runasimi y está compuesta por «yana» que significa negro, oscuro y el sufijo «tin» que significa «que tiene» así como *tawantin* quiere decir «que tiene cuatro» yanantin quiere decir que tiene su oscuro, su otro lado, su sombra y ya por extensión se comprende también como pareja, complemento, contrario, par de opuestos o par de complementos. Entonces uno puede y debe encontrar su yanantin en la vida y puede ser no uno sino varios. Un hermano, un amigo, la pareja todos son diferentes tipos de yanantins que son imprescindibles para el equilibrio y la salud de la persona. Se insinúa que si solo buscamos estar con personas que piensan demasiado parecido a nosotros, algo no está del todo bien en nuestro interior y, sobre todo, nos estamos perdiendo una parte importante de la vida.

De por sí es un concepto valiosísimo para todo. A través de él podemos entender y practicar el pensamiento incluyente y ampliar nuestra conciencia, pero cuando se combina con el entendimiento de los tres mundos se vuelve una herramienta determinante para resolver muchos aparentes conflictos del Kay pacha, y, sobre todo nos permite conocer lo desconocido a través de lo conocido.

Hasta donde entendemos existen diferentes tipos de yanantins pero básicamente queremos enfocarnos en dos. El yanatin complementario y el yanantin contradictorio.

Si recordamos los tres mundos y los hacemos coincidir con los tres niveles —que también nos sugiere la chakana—, encontramos al Hanan pacha en la parte alta, al Uhu pacha en la parte baja, pero en la parte media que corresponde al Kay pacha, encontramos que la chakana o la cruz tiene dos brazos. Esto no es pura coincidencia. Es un entendimiento milenario de la intrínseca naturaleza dual del Kay pacha o mundo de aquí. Quiere decir que es inútil pasarnos la vida buscando unidad en el Kay pacha salvo como un fenómeno especial y puntual en tiempo y espacio. No estamos diciendo que no exista y que no se pueda lograr, sino que no es lo propio del Kay pacha. La naturaleza del Kay pacha es dualidad y más específicamente dualidad conflictiva, destructiva; son fuerzas en oposición mientras no se encuentre la lógica adecuada. El Kay pacha es nuestra universidad para aprender el manejo de la energía dual y justamente trabajar a través de las contradicciones aparentes para lograr la unidad y la armonía, tanto adentro como afuera. Pero esto es el postgrado del curso, el primer nivel comienza con el reconocimiento de estas energías opuestas que llamamos yanantins contradictorios. Los yanantins contradictorios no solo existen sino que son necesarios para la dinámica de la vida. Es probable que al principio sea un poco difícil de digerir esta lógica, pues todos deseamos un mundo en unidad, sin violencia, sin injusticia, pero más adelante comprenderemos que el ecosistema humano también necesita gorilas, hienas, tiburones, buitres y hasta las víboras arteras. Al principio no será nada fácil llegar a comprender qué función cumple el «mal» en nuestra vida —cuando lo comprendas tendrás la mitad del acertijo resuelto— pero es mucho peor quedarse pensando cómo sería la vida si no existieran ciertos nefastos personajes. La vida es perfecta tal como es, con todo su amor y toda su cruel injusticia y si no quieres creerlo no importa igual tendrás que aceptarlo. Pero hay un camino de conocimiento que es muy útil para aprender a manejar estás fuerzas opuestas que aparentemente quieren destruirse.

El segundo tipo de yanantin que nos ocupa es el complementario, y el mejor ejemplo para este es la relación entre el Hanan pacha y el Uhu pacha.

Hace unos años estuve asesorando a una estudiante que quería hacer un trabajo sobre el Hanan pacha. El tema me pareció fascinante pero a la hora de concretar nos dimos cuenta que no sabíamos prácticamente nada. Como casi no había material, le pedí hacerlo sobre los tres mundos y allí comprendí que el verdadero problema es que no se puede separar el Hanan pacha del Uhu pacha, ya que uno se explica a través del otro, y, que lo poco que podemos saber del Hanan pacha se puede inferir por analogía de nuestras experiencias directas en el Uhu pacha a través de las plantas sagradas, y, si no tenemos ninguna experiencia personal de este mundo, es poco lo que podemos hablar. Cuando esta alumna realizó una serie de entrevistas entre personas de comunidades del Cusco acerca de sus conceptos o imágenes del Hanan pacha, la inmensa mayoría aludían a un lugar idéntico al cielo católico y cuando se les preguntaba por el Uhu pacha su imagen correspondía al mismo infierno. Allí nos dimos cuenta de que el proceso de enajenación y transculturización había sido casi un éxito, pero justamente gracias a Dios la vida es mucho más que cualquier grupo de ignorantes y no se puede controlar todo ni menos destruir toda evidencia de la verdad. La vida nos desborda con su sabiduría y a veces es tan solo cosa de saber dónde buscar.

Muchas veces en ceremonias tuve esa clara visión que en algunos momentos no había arriba ni abajo, ni adentro ni afuera, que no existía realmente ningún tipo de frontera entre tú y yo, sino que todo era conciencia y que las experiencias a veces un poco inquietantes de Uhu pacha se entrelazaban perfectamente con visiones celestes y sentimientos de paz sin límite. ¿Dónde terminaba una y dónde comenzaba la otra? Sería imposible decirlo. La gran enseñanza es poder contemplar la visión de la unidad de los tres mundos. Si quieres conocer el Hanan pacha primero debes conocer tu Uhu pacha.

La sagrada hoja de coca y los pagos o «despachos»

Dentro de este sistema de permanente equilibrio, uno de los aspectos más importantes en nuestra cultura viva es el entendimiento o la conciencia del intercambio de energías con la vida, es decir, lo que se conoce tradicionalmente como *ayni*. Ignorar esto puede ser causa de grandes enfermedades o, por lo menos, de profunda insatisfacción. No existe ser en el planeta que no esté tomando algo de la vida y dándole algo simultáneamente. El punto es cuánto tomas y cuánto das en tus distintos niveles de relación —tu familia, tu comunidad, tu sociedad, tu planeta—.

Percibir la relación entre lo que damos a la vida y lo que tomamos de ella es lo que nos va a traer verdadera felicidad. Por el contrario, si adoptamos una actitud egoísta y mezquina, no tardaremos en enfermarnos y estaremos imposibilitados de disfrutar la maravillosa situación de sentir que tenemos un «saldo a favor». Doy más que lo que tomo, la vida fluye de mí, no soy un parásito succionando la energía de los otros.

Recuerdo con mucha claridad que cuando recién conocí la selva, viajé a diversas comunidades shipibas acompañando a mi querido don Benito. Una tarde, hubo de pronto una gran algarabía en una de ellas. Todos corrían hacia el puerto. Pedro —un sobrino de Benito— había pescado un paiche enorme. Era un animal que pasaba los dos metros. Pedro estaba parado cerca de él, orgulloso y contento, mientras varios diestros, machete en mano, seccionaban el gigantesco pez. Luego, él se acercó y comenzó la repartición. No hubo familia que no recibiera un pedazo sin costo alguno. Él se retiró con un buen trozo, pero no muchísimo más grande que el del resto. ¿Su verdadera ganancia? El cariño y el respeto de su comunidad. Hasta ahora recuerdo su sonrisa. Esa semana, Pedro fue el hombre de la comunidad, fue un buen canal de la abundancia; la siguiente, fue Juan; y la siguiente, Francisco; y la siguiente, probablemente, Pedro otra vez, pues era buen pescador. Vi esto con mis propios ojos cuando tenía 18 años y me mostró cómo era la vida en nuestras comunidades.

Actualmente, si alguien pesca algo, dice «buen provecho» y se lo come solito. La sensación de disfrutar cuando uno es quien da es un valor tradicional en nuestros pueblos amazónicos y andinos, que se ha perdido en la cultura moderna, donde quien más disfruta es quien más quita, quien más consume. Esto es comprensible en sociedades donde se han perdido formas de gratificación —naturales y sinceras— como el cariño y el respeto de la comunidad. Pedro, al compartir su paiche con todos, no solo disfrutaba del orgullo de ser un buen pescador, sino que comprendía, principalmente, que ese día él había tenido buena suerte y que quizá mañana no la tendría, pero no por eso faltaría un pedazo de pescado para sus hijos.

Este intercambio de energías no solo se da en la esfera humana, sino con todo lo que nos rodea. Debemos hacernos conscientes de todo lo que recibimos para agradecerlo adecuadamente, pues al agradecer ya estamos dando, ya estamos ofrendando, ya se está realizando un tipo de *ayni*. Esta es la razón por la cual, desde tiempos muy antiguos, surgió esta costumbre de «pagar», ofrendar, agradecer principalmente a quien nos sostiene y nos provee el sustento —nuestra Pachamama—, y también a nuestros *Apus*, que nos cuidan y protegen. Esta tradición del «despacho» nos permite ofrendar todos nuestros productos, nuestro trabajo, todo aquello que consideramos noble y valioso a los *Apus* y a Pachamama, a quienes llamamos por sus nombres mediante la sagrada hoja de coca, nuestra *kokamama*. Ella es la mensajera y la intermediaria más noble entre el ser humano y los moradores del *Hanan pacha*.

Para algunos, puede ser solo nuestra creencia, pero es bueno que sepan que las plantas también tienen espíritu y que cada una posee diferentes propiedades, no solo a nivel físico. La *kokamama* tiene esa extraordinaria propiedad de transmitir, de llevar mensajes. Por eso, es imprescindible en todas nuestras ofrendas. Por otro lado, son ampliamente reconocidas, entre la población andina, sus propiedades alimenticias, energéticas y ampliatorias de la conciencia. Las propiedades de una planta pueden transformar generación tras generación la psicología de toda una cultura. Los que amamos y respetamos el uso ceremonial de la hoja de coca reconocemos el tremendo poder que en ella se encuentra. Muchos de los que conocemos a profundidad esta sagrada medicina identificamos en numerosos rasgos de la cultura andina su mágica participación.

A diferencia de otras plantas sagradas, cuyo efecto es mucho más espectacular y llamativo, la humilde y sagrada hoja de coca pide más tiempo, paciencia y perseverancia para que lleguemos a percibir su maravillosa medicina. Sensibiliza al punto de hacer ver el bien común, trascendiendo toda posición egoísta. Cuánto podría ayudar a mejorar las relaciones, especialmente las de pareja, pues tiene la capacidad de ayudarnos a expresar cosas muy profundas y sentidas con palabras puramente amables y bien intencionadas, dejando de lado el patrón mental que nos lleva a ofender para decir nuestra verdad.

Para tener tan solo una idea de lo poderosa que es esta sagrada medicina, presento la siguiente reflexión. El poder es algo neutro, depende de quién lo maneja o hacia dónde se dirige. Lamentablemente, la hoja de coca se ha hecho mundialmente célebre por el uso de la cocaína y la cocaína se ha hecho famosa por la increíble cantidad de dinero que representa. La cocaína puede comprar seres humanos, voluntades e, incluso, gobiernos enteros. Puede causar muchas muertes, guerras y destruir millones de hogares a través del vicio. Todo esto sucede por usar una planta de poder fuera de su tradición y en sentido negativo. Imagínate todo ese poder volcado hacia el lado positivo, constructivo. No solo podríamos acabar con el hambre y la desnutrición en nuestro pueblo, sino en todo el mundo. Si no hubiera oscuros intereses presionando para que siga penalizada y combatida, el mundo entero estaría gozando de todos sus beneficios, y el Perú se sentiría igual que Pedro, disfrutando del cariño y el respeto de la comunidad mundial.

Mente, alma y religión

Esta es una bonita triada para empezar a hablar del ternario. La mente crea el alma y el alma la religión, pero ninguna de estas tiene vida eterna garantizada. Sin embargo, es todo lo que nos dan para salir de este laberinto. Mente, alma y religión son nuestras herramientas, las que nos ayudan a encontrar el camino de regreso.

Cuando afirmo que la religión es fruto de la mente, muchos saltarán de sus asientos, algunos ofendidos, otros incrédulos y perplejos. Pero el ánimo no es ofender, sino aclarar esta propuesta. Para mí, la mente es tan sagrada como el corazón, y decir que el alma y la religión provienen de ella no es ninguna ofensa. Yo llamaría alma a la parte más noble de mi mente, o a la parte más sensible. El punto blanco dentro del espacio negro.

Recorrer el camino de la mente, del alma, de la religión, es parte importante del camino sagrado; es más, es imprescindible, tenemos que lograr una buena mente, una buena alma y una buena religión. Pero ¿cuál es el final de este camino?, ¿se puede seguir por toda la eternidad o nos conduce a una meta? Una vez que entendemos lo que tenemos que entender, no podemos seguir inventando más camino, hay que desandar lo andado, desaprender lo aprendido, volver a ser libre, regresar al origen, al lugar donde la confusión todavía no hizo nido.

A toda verdad parcial también se le puede llamar mentira. La mente, el alma y la religión son solo parte de la realidad total y representan lo parcial y la diversidad. Son los instrumentos que nos han dado para encontrar la totalidad. Son las semillas del árbol de la trascendencia, no son la inmortalidad. Las religiones nacen, se reproducen y pueden morir, igual que las almas y las mentes. Nuestra inmortalidad está dada, pero solo en potencia. Depende de lograr la conciencia, la *cristalinidad*. No hay más tiempo que perder. Depende de ti, aquí y ahora, lograr la intensidad necesaria para estar lo suficientemente alerta y lo más consciente posible para disolver los patrones mentales que te impiden ser libre y transparente como un cristal.

Si relacionamos la mente con la existencia y el corazón con el sentimiento, el número 3 representa la relación entre mente y corazón, el fruto del amor de ambos, es decir, la conciencia, el *testigo*, aquel que tiene la posibilidad de sobrevivir. La existencia desconectada del amor y el amor sin ninguna existencia a través de la cual expresarse terminarían a la larga por extinguirse dentro de sus propios universos. Solo la posibilidad de lograr conciencia relacionando nuestra existencia con nuestro amor, nuestro Sol con nuestra Luna, nuestro cielo con nuestra tierra, nos da el permiso para soñar con una posible trascendencia. Pero no creo que la vida eterna sea una obligación para todos.

Dicen que, en una eyaculación promedio, puede haber 200 millones de espermatozoides, y que, de todos ellos, solo uno logra trascender. De este dato, podemos extraer dos ideas. La primera, recordarles a los que andan quejándose de su mala suerte en esta vida, que fueron los ganadores de una estupenda lotería. Y la segunda, que la naturaleza nos muestra que la vida es una denodada lucha por la trascendencia, no un pusilánime ruego y, menos aún, una inmerecida y regalada inmortalidad. Y, aunque la cifra de las posibilidades —una entre 200 millones— no es muy alentadora, no tiene que tomarse literalmente. No hay un cupo limitado para los seres conscientes.

Dicho de la forma más clara y directa, solo tienes unos cuantos años —los que dure tu vida— para crear una conciencia lo suficientemente estable y sólida que te permita atravesar el umbral de la muerte. De no lograrlo, tu energía se separará de tu materia y volverá cada una a su fuente.

El amor, la justicia y la injusticia

Por un lado, estos son tres niveles que distinguen a tres tipos de seres humanos. Por otro, son las opciones que el universo nos presenta cada vez que la vida nos demanda una respuesta. Vivir en el nivel de la injusticia significa vivir aprovechándonos permanentemente de los demás, no importa si legal o ilegalmente. La injusticia es quitarles a los otros lo que les corresponde. Vivir en el nivel de la justicia es darle a cada uno lo que le corresponde, pero también es darnos cuenta del injusto e ilegal sistema económico que nos gobierna y comprometernos a tratar de generar situaciones que promuevan una mejor redistribución. Para lograr el amor, hay que ir mucho más allá de la justicia, de la razón, de la mente. Muchas veces, el amor significa darle a la gente más de lo que le corresponde.

No se trata solo de controlar tu mente unos minutos mediante una meditación. Tienes que meditar antes y después de cada palabra que pronuncias, de cada acción que ejecutas. Meditar si eres justo, injusto o amoroso ante cada situación. Cada vez que la vida te pide una respuesta, estarán frente a ti estas tres formas de actuar. Ser amoroso es lo perfecto, ser justo es bueno, ser injusto no es tan bueno. Pero, si hay algo verdaderamente dañino, es que te creas justo o amoroso cuando no lo eres. Creerte mejor de lo que eres te impide ascender por esta escalera de tres peldaños. ¿Cómo vas a ser verdaderamente justo si en tu opinión ya lo eres? Creerte mejor de lo que eres, ¿no es ya una injusticia?

Lo importante fue, es y será la *conciencia*, si es que de alguna manera deseas continuar el viaje. Esto significa que algún día puedas percibir con claridad y objetividad la naturaleza de tus acciones. Que tus patrones mentales típicos —«yo soy bueno» o «yo soy justo»— no te impidan ver cuando tu comportamiento es injusto. Es mucho más positivo admitir frente a una situación: «En este momento, no me alcanzan la fuerza o la honestidad para responder de mejor manera, así que asumo las consecuencias de mi injusticia». Esta respuesta, aparentemente negativa y egoísta, me eleva por sobre mi autoengaño y es mucho mejor que ahogar la propia conciencia en la absurda justificación. Si quieres ir primero en el camino de la luz, has de volverte transparente —honesto— para que no hagas sombra a los que vienen después.

El triángulo: la primera figura

No debemos ver el número 3 solamente como la relación entre la existencia y el amor, es decir, como la conciencia que surge de ambos. A estas alturas, aporta un nuevo concepto, el de orden. Si tenemos tan solo dos elementos iguales, no surge el concepto de orden o alineación, pues sea cual fuere la manera en que los pongas, solo podrán expresar distancia y dirección, mas no orden. Caso diferente es del número 3, que además de poder expresar los conceptos anteriores, manifiesta los de alineación, sistema cerrado y estabilidad. Dos puntos siempre estarán alineados entre sí, pero tres puntos expresan una intención especial, pueden expresar cosas más concretas. En cuanto a la estabilidad, el ternario puede expresar la primera figura geométrica y, a partir de ella, podemos construir un trípode o una mesa con tres patas.

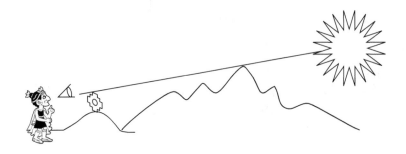

En cuanto a la alineación, el ternario permitió a los antiguos sabios medir el paso del tiempo utilizando los cuerpos celestes. En Sudamérica, los *intihuatanas* eran sistemas de alineación que constaban de tres puntos. Un punto central y fijo, que normalmente podría ser el pico de una alta montaña, un segundo punto en movimiento, que podrían ser el Sol, la Luna o las estrellas, y un tercer punto que podría ser una piedra labrada o una estaca detrás de la cual se ubicaba el observador. Así, cada vez que el Sol volvía a ocupar una posición alineada con el punto de observación y el de referencia, se entendía que había transcurrido un año.

La trinidad

Reconozco y respeto el derecho de cada uno a tener sus propias creencias. Incluso desde una óptica incluyente, no es solo un derecho sino una obligación expresar formas alternativas de concebir lo sagrado. No intento cuestionar la trinidad en su aspecto de triunidad. La trinidad existe en el universo de muchas maneras. Tampoco niego su existencia o su realidad como parte de un sistema religioso, pero lo que no puedo hacer es reconocer la trinidad cristiana en el nivel en el que pretenden colocarla, pues hace omisión del principio femenino.

Entendámoslo bien, no se trata de hacer prevalecer un sistema sobre otro, se trata de restituirle a lo femenino su condición de sagrado, de manera que devolvamos a la materia esa misma condición, y así tal vez replanteemos nuestra relación con la materia, la mujer y el planeta. Para mí, es más que evidente que el deterioro de las condiciones de vida y el maltrato a la madre tierra tienen que ver mucho con esto: un gran error sobre el origen de lo divino. No estoy diciéndolo solo por antojo o por tratar de innovar, basta mirar las consecuencias de este insólito modelo trinitario patriarcal para intuir que algo no está funcionando bien. El modelo trinitario existe y encaja perfectamente dentro de un sistema cuaternario.

Principio creador
Principio neutro
no polarizado   No manifestación
Abuelo(a)

_____

Padre   ✛   Madre   Manifestación arquetípica

           Hijo   Manifestación concreta
                                El mundo

Al hablar de la no manifestación, me refiero al momento anterior al *big bang* o a cualquier otra teoría con la que se quiera explicar el origen del universo. A partir de ese punto, se da la manifestación. ¿Y qué es lo primero que se crea? El Espacio y el Tiempo.

La figura del abuelo(a) es clave para resolver este misterio. Al decir abuelo(a), nos estamos refiriendo al principio creador indiferenciado, totalmente asexuado,˙a la unidad pretérita. A la conciencia pura pero no manifestada. No tiene ningún sentido darle los atributos de la causa sin causa a quien, como energía, ya está polarizado sexualmente (Dios padre).

Cuando la unidad decide manifestarse, necesita escindirse, polarizarse antagónica y complementariamente, creando el primer padre y la primera madre, la primera pareja de arquetipos. En la tradición andina: Pachamama y Pachakamaq, la madre del Espacio y el padre del Tiempo, respectivamente. Luego de la interacción, de la relación entre el Espacio y el Tiempo, se crea todo lo que existe, comienza la danza de la creación representada por el hijo. La figura se completa a través de este último, pues él es quien se encarga de conciliar la dualidad, de volver a unir lo que se separó, de encarnar la unidad, de manifestar la conciencia y, atravesando la experiencia de la separatividad, de regresar a la unidad.

Es parte de toda historia sagrada el hecho de que los individuos puedan encarnar esta conciencia. Por lo menos, es una de tus opciones. Muchas tradiciones del mundo comparten este mismo mito, que en verdad no es ningún mito, sino pura realidad. En la India, se llamó Krishna, en Medio Oriente, Jesús y en América, Tunupa. Y me imagino varios cientos más de ilustres desconocidos nacidos bajo todas las tradiciones del mundo, que lograron manifestar en esta tierra el misterio de la unidad. Este es el cuadro completo del arquetipo universal y el modelo a través del cual se encarna el mito del *logos* solar o el cristo cósmico.

Los seres humanos somos la perfecta imagen de la trinidad, así como somos una dualidad y una cuaternidad. En esto podemos estar totalmente de acuerdo, pero discrepamos en los valores o los conceptos que asignamos a cada uno de los aspectos trinitarios. En todo caso, me parece mucho más equilibrada la concepción védica sobre la trinidad en el ser humano, denominada *Satchitananda*. *Sat* es 'existencia', *chit* es 'conciencia' y *ananda* se traduce mayormente como 'bienaventuranza infinita', pero podríamos llamarla, simplemente, amor.

Presionar a los fieles de cualquier devoción a abandonar la razón para trascender la mente ha sido un mecanismo casi imprescindible, usado por muchos grupos y religiones. Aunque el artilugio es válido, hay que considerar en la práctica qué parte de la razón nos piden abandonar para obtener un completo beneficio. Poder trascender la mente y, a la vez, deshacernos de una creencia innecesaria sería doblemente provechoso. Enseñar a trascender la mente sobre cosas concretas y puntuales como el egoísmo, la intolerancia y la mezquindad. En lugar de estrellar nuestra mente contra algún dogma, propongo ofrendarla buscando el amor y el servicio.

Abuelo-padre-hijo, abuela-madre-hija, son triadas también válidas que, en algún momento, fueron una herramienta insustituible para la continuidad de muchas iniciaciones, tanto en la línea masculina como en la femenina. Jesús de Nazaret vino a enseñarnos el misterio y el poder de la cruz. En ningún momento siquiera insinúa el dogma trinitario. Esta concepción aparece varios siglos después. Tampoco nos interesa discutir aquí si fue copiada o inspirada en anteriores tradiciones como la babilónica, donde todavía está clara la triada padre-madre-hijo, o la egipcia, donde ya desaparece la figura femenina, coincidentemente con una política de corte patriarcal. La trinidad arquetípica tiene un valor intrínseco e insoslayable. La podemos encontrar y reconocer en innumerables triadas. El modelo trinitario judeo-cristiano deja de lado, justamente, el elemento equilibrante, el complemento. Hubiera sido igual de arbitraria una segunda versión contraria, en la cual se prescindiese del principio masculino en el origen sagrado. También hubiera motivado mi airada protesta.

De dónde venimos y a dónde vamos

Parte del éxito indiscutible del significado psicológico del mito crístico se puede comprender mejor dándole una mirada a miles de años de evolución humana. Cuando hablamos de un tiempo cíclico, muchos se confunden y piensan en un tiempo circular en el que los sucesos se repiten. Esto nunca es así. El tiempo cíclico es, en realidad, un espiral. Los eventos no se repiten pero sí se pueden parecer cuando pasan por un punto similar del espiral. Existen ciclos que nos permiten reconocer cierta similitud con situaciones pasadas. En estos años, nos venimos acercando a lo que llamamos un *punto de fase*, que es el final de un gran ciclo y el comienzo de otro.

En los inicios de la humanidad, el Yo era colectivo, tribal, pues esta era la única forma de poder lograr la supervivencia, pero los planes evolutivos de la creación incluían el proceso de individuación. Así que el hombre debía evolucionar del Yo colectivo al Yo individual y enriquecerse con esta experiencia. Incluso, hay quienes piensan que la introducción del alcohol fue parte de este mal necesario de afianzamiento del Yo individual —las iniciaciones dionisíacas y el culto a Baco—. No debemos caer en el error de pensar que lo primero —el Yo colectivo— era bueno y lo segundo —el Yo individual— es malo, pues sería como juzgar una película cuando todavía no hemos visto el final.

El final de la película es que, después de haberse enriquecido el ser humano con el desarrollo del Yo individual, retorna al seno de su comunidad para enriquecerla con la experiencia de la individuación. En la versión hindú, sería algo así como terminar con la experiencia de la separatividad. Todo el proceso de individuación concluye con el entendimiento de la dualidad y la simultaneidad de esta. Solo entonces, es posible vivir y trabajar para y desde una comunidad sin entrar en conflicto con los apetitos naturales de un Yo no realizado.

Es frecuente encontrar el hecho, sobre todo entre algunos teóricos del mundo andino, de que toda manifestación no colectiva sea juzgada como egoísta o, peor aún, como «occidental», sin entender realmente que el proceso histórico y evolutivo como humanidad significa partir de una colectividad, lograr la individuación y regresar enriquecidos con esta experiencia a la comunidad. Debemos llegar a poder expresarnos alternativa y simultáneamente, ahora como grupo, ahora como individuo, y contemplar en este hecho también el significado de la paridad y la complementariedad.

La encarnación del mito crístico es un verdadero hito en la historia de la humanidad, pues mucho más allá de su connotación religiosa, expresa un hecho real y concreto que es la encarnación del verbo, el « Yo soy», el hijo del hombre colectivo. De esta forma, se cumple el intenso deseo de la humanidad de ver plasmado su anhelo de individuación a través de una figura universal y venerable. A partir de ese momento, se acelera este proceso de individuación hasta exagerarse y desvirtuarse en la exaltación de los ídolos de la cultura moderna, verdaderos y máximos exponentes del egoísmo, salvo honrosas excepciones.

Estamos a un paso de lograrlo y a un paso de perderlo. ¿Vencerá el indomable egoísmo o podremos gozar de todas las alegrías y bendiciones que concede la unidad? Depende de nuestro esfuerzo por lograr la conciencia, depende de todos y cada uno.

Conciencia

La gente suele preguntar: «¿Es malo comer carne?, ¿me hace menos espiritual?». No creo que este sea un buen enfoque, mi trabajo no es hacer una lista casi infinita de lo que es bueno y de lo que no lo es. Estoy acá, entre otras cosas, para hablar de la conciencia.

¿En qué piensas cuando tienes un trozo de carne al frente? ¿Eres capaz de imaginar ese animal vivo delante de ti y a ti mismo cortándole el cuello, degollándolo y sacándole un pedazo? ¿Puedes imaginarte las miles de hectáreas de bosque amazónico deforestadas, los millones de animales, plantas e insectos que allí vivían, todo eso convertido en cenizas y luego en pastizales para las vacas que serán convertirlas en hamburguesas o bistecs? Si puedes ser consciente de todo eso y admitir que, en esta etapa de tu evolución, no puedes prescindir de matar vidas inocentes y comértelas, si puedes ser consciente de todo eso, creo que sí te mereces comer un pedazo de carne, pues más grave que talar todos esos bosques y matar todas esas vacas es matar tu propia conciencia, ahogarla en la visión de lo inmediato y esconderte en tu argucia: «¿Acaso yo mato la vaca?, ¿acaso yo talo bosques?». Si no eres capaz de ver más allá de las cuatro paredes de tu casita, no podrás ni atreverte a soñar con caminar un camino sagrado en el que ya no hay ni bien ni mal, solo conciencia.

Tenemos que entender que existen un orden cósmico y prioridades naturales que debemos reconocer y respetar como seres humanos y como sociedad, en lugar de andar haciéndoles caso a los inteligentes argumentos de nuestra mentecita.

La escalera de tres peldaños: dinero, sexo y poder

Una de las enseñanzas más importantes que recuerdo es que el ser humano está condicionado por estas tres grandes motivaciones. La relación con ellas debe estar totalmente resuelta antes de sentir y gozar los tesoros del corazón. La persona que se está entrenando para conducir a los demás por un camino sagrado tiene que volverse extremadamente vigilante en su relación con estos tres puntos. No puede sacar ventaja de lo sexual ni de lo económico ni de lo social. De hacerlo, simplemente no habría aprendido todavía la lección y estaría causándose un grave daño a sí misma y a los demás.

El dinero se ha vuelto cada vez más importante en este planeta. La búsqueda de la satisfacción material, del confort, se ha vuelto una obsesión en la cultura dominante. La frontera ética se va moviendo cada vez que algunos países o seres humanos quieren dar un paso más en su desarrollo. Las formas legales de obtener dinero se han vuelto escandalosamente hipócritas y la conciencia se ha anulado al punto de no ver el daño que nos hacemos a nosotros y al planeta.

Hemos construido un orden económico mundial basado en la más cruel injusticia, y la medida en que cada uno se beneficia con este sistema es proporcional al tamaño de su silencio o de su discrepancia. Y como los más afectados no tienen los medios para hacer valer sus derechos, todo queda en nada.

Todas las riquezas robadas por los imperios a sus colonias, los precios irrisorios con los que el gobierno de Estados Unidos compró-robó las tierras de los nativos americanos, las miles de toneladas de plata y oro robadas a Bolivia y al Perú matando millones de seres en las minas, todo lo demás que robaron en África y Asia, todo ese robo inicial solo les sirvió para capitalizarse y lograr su gran tecnología de la explotación. Ahora, viven de las regalías. Los robos y atropellos de la época colonial ya parecen lejanos. Los culpables ya no existen, pero sus fortunas permanecen. Ese mismo oro robado se cotiza en Wall

Street. Las tierras de los pueblos indígenas ahora tienen precio de oro, pero ya no son de ellos.

Alguien que abusa de las plantas sagradas o de cualquier poder para sacar provecho está todavía en un estado muy primitivo, buscando placeres muy elementales, por más que declare lo contrario. Cómo estará la cosa de distorsionada, que hace unos meses conocí en una ciudad de la selva —famosa por sus chamanes— a una joven alemana que hacía su tesis sobre el acoso sexual en las ceremonias de ayahuasca. Honro y agradezco plenamente mi condición humana y, dentro de ella, mi capacidad de indignarme contra esos chamancitos que juegan con el sexo, el dinero y el poder de los demás.

Llegamos a la vibración del corazón tras vencer las tentaciones, las mentiras y el autoengaño que provienen del dinero, del sexo y del poder, y en nuestro camino sagrado los convertimos en dinero sagrado, sexo sagrado y poder sagrado. ¿Cómo saber si son sagrados? Es sencillo. Seguir un camino sagrado es el triunfo sobre el egoísmo. Si lo que hago lo hago desde el ego, por el ego y para el ego, nunca será sagrado. El que recorre un camino sagrado solo piensa en el bien común, en la familia; desde su pequeña familia, hasta la familia de todo lo que existe.

Sé que a muy poca gente le interesa admitir que el sistema que nos brinda todo el confort del que disfrutamos tiene un origen oscuro, por más honrada que creas que es tu forma de ganar dinero. Aunque no lo quieras ver, esta generosidad con la que la vida te trata porque «Dios bendice a América» no es sino la otra cara de la moneda de todo el sufrimiento y la escasez en más de la mitad del mundo. Claro que dirás: «Yo no hice las cosas de esta manera». Pero qué cómodo es beneficiarnos gracias a tanta injusticia. Te parece muy difícil verlo, admitirlo es realmente incómodo y doloroso, pero millones de veces más doloroso es matar tu conciencia para que sobreviva tu egoísmo. Más fácil es cerrar el libro, decir «yo no soy culpable de esto», e ir al refrigerador y sacar una cerveza o encender un incienso. En ese mismo instante, un niño está muriendo de sed en África y otro, de desnutrición en los Andes. ¿Por qué? ¿Porque no son tan inteligentes como tú, porque no son tan brillantes? O, tal vez ¿por su mal *karma*? Tú no tienes la culpa, pero sí eres responsable, todos somos responsables. Duele el amor y duele la conciencia. Conciencia que no duele no es conciencia.

No solo nos hacemos conscientes de la belleza y de lo maravilloso de la existencia, sino también del dolor de toda esa otra parte de la gran familia humana que solo es consciente del sufrimiento y la escasez. Nuestra única salida honesta es admitir la cruel injusticia del sistema, reconocer que nos beneficiamos tanto tú como yo por saber cómo movernos dentro de él y, a partir de ahí, trabajar arduamente para cambiarlo y tratar de atenuar el dolor de nuestros hermanos. Ya no es solamente asunto de amor al prójimo.

El egoísmo humano y su insaciable búsqueda de confort están afectando gravemente al planeta. Seguimos tratándolo como a una cosa, no como a una madre, y nuestro engreimiento y necedad nos impiden ver qué relación hay entre nuestro estilo de vida y su destrucción. ¿Qué tiene que ver con los millones de toneladas de detergentes echados al mar que me lave los dientes con dentífrico de menta o el cabello con el shampoo de moda? ¿En qué afecta que me tome una Coca Cola? ¿Qué tienen que ver mis vacaciones en el Caribe con el calentamiento global? En la actualidad, todo tiene que ver con todo. Durante la semana siguiente al atentado a las torres gemelas, bastó que los vuelos se suspendieran en casi todo el mundo para que la tasa del calentamiento global disminuyera. No hay peor ciego que el que no quiere ver. En estos tiempos, no podemos hablar de religión sin hablar de ecología. Estamos pagando las consecuencias de dejarnos engañar por quienes divorciaron el espíritu de la materia. Elevaron el espíritu y condenaron la materia. Ahora, toca volver a poner las cosas en su lugar. El espíritu y la materia juntos en Tiempo y Espacio, aquí y ahora. ¿Dónde están todos esos grandes líderes espirituales en la lucha por frenar esta locura? ¿Por qué nunca se les ve en un bote de Green Peace salvando siquiera a una ballena o tratando de impedir un bombardeo?

Llegamos al tercer escalón. Se puede renunciar al dinero y al sexo ilícitos, pero el poder es una gema que tiene muchas facetas. Es mucho más sutil que los dos anteriores. Solo la más absoluta y estricta sinceridad puede llevarnos más allá del poder. Una antigua enseñanza iraní dice que hay dos tipos de seres perversos. Unos se encuentran en los bares y cantinas, y es suficiente no frecuentar estos lugares para no encontrártelos. Pero hay otros a quienes les gusta esconderse en los templos y en las escuelas y repetir grandes enseñanzas tomadas de los libros. Estos son los más peligrosos.

Puedes renunciar al sexo y al dinero, pero la necesidad de admiración y reconocimiento —justamente después de tanto «sacrificio»— se vuelve algo obsesivo y compulsivo. Tu mente te puede llevar a vivir los más grandes sacrificios y austeridades con el único propósito de buscar el reconocimiento en el círculo donde te mueves. Es el mismo patrón mental de la autoadmiración. Así como para algunos el respeto y el reconocimiento se lograrán ostentando el modelo de automóvil más nuevo y más costoso, para otros se logrará ostentando la más grande austeridad.

El poder es la última prueba de la mente: cambiar el poder de la razón por el poder del amor. En algunos momentos, hay que ceder, y perder la razón para encontrar el amor. El amor se vuelve razón y la razón es el amor. El corazón se vuelve mente y la mente, corazón. En palabras de César Calvo: «El aire se vuelve agua y el agua se vuelve aire». Cuando se agotan en nosotros las ganas de prevalecer, de ganar las discusiones, de que se nos honre y reconozca por nuestro altruismo, por nuestra «espiritualidad», de que nos agradezcan por renunciar a tener pareja, familia, dinero —aunque pertenezcamos a instituciones con miles de millones en los bancos—, cuando renunciamos a la iluminación misma, entonces estamos más allá del poder, del poder del ego, y vemos las cosas tal cual son, sin ningún interés personal de que sean como nosotros queremos.

Cuentan que el Buda, ya en edad muy avanzada, llamó a sus dos discípulos más queridos y les dijo: «Estoy pronto a partir y quiero, antes de hacerlo, concederle a cada uno un deseo. Medítenlo todo el día y vuelvan aquí mañana». Al día siguiente, volvieron y se sentaron con el Buda, quien preguntó al primero: «Querido hijo, ¿qué es lo que más deseas?». Él respondió: «Maestro, concédeme la iluminación». Y el Buda dijo: «Que así sea según tu entendimiento». Luego, miró al otro y le preguntó: «Dime, hijo, ¿qué es lo que más deseas?». Y el discípulo respondió: «Yo, maestro, quedarme en la tierra y servir, difundiendo tu enseñanza hasta que el último ser sea iluminado». Mostró así el Buda la verdadera naturaleza de su enseñanza, la compasión, que no se limita ni se detiene ante la iluminación. El amor es el fin supremo.

La *sagrada* familia

En todos estos años trabajando con gente seria, que realmente quiere curarse y ser feliz, el tema más recurrente es la relación con la familia. Gente de 40 o 50 años todavía no perdona los «errores» que cometieron sus padres durante su educación ni las «ofensas» que recibieron de ellos a lo largo de su vida. Otro gran problema es tener un niño profundamente herido por múltiples circunstancias. Es sorprendente el inmenso porcentaje de niñas y niños víctimas de abuso hasta por sus propios familiares. Esto no se reflejará nunca en las estadísticas porque la gran mayoría de abusos nunca se denuncian. Trabajando con ayahuasca a niveles muy profundos, las personas se dan cuenta de la necesidad de liberarse de esos tremendos dolores para seguir caminando y recuperar la alegría de vivir.

Tendríamos que decir, como los psiquiatras: «Todo empezó en la niñez». Y esa es la pura verdad. Nos encontramos a diario con gente bastante mayor que todavía no ha perdonado a su padre y a su madre, y que los sigue culpando de todo lo que le pasó y le pasa. Tenemos que comprender que esta cadena de sufrimiento viene desde el eslabón perdido. Estoy absolutamente convencido de que cada padre y cada madre hacen todo lo posible, desde su sabiduría o su ignorancia, para darles bienestar a sus hijos. Nunca pondré en duda su intención, aunque los efectos sean catastróficos. Si hubieran sido mejores, lo hubieran hecho mejor. No solamente hay que querer a nuestros hijos sino, especialmente, respetarlos. Lo que es bueno para mí, tal vez no lo sea para ellos. Lo único cierto es que nos dieron todo el amor que pudieron. La madurez y la claridad mental en el ser humano comienzan cuando deja de culpar a sus padres, a la vida, al universo por lo que le dieron o lo que no le dieron. Tenemos que cortar esta cadena de reproches y rencores y trabajar para que la historia no se repita.

Antes de dar un paso en un camino sagrado, es imprescindible arreglar la relación con nuestros padres, pues no solamente les debemos nada menos que la vida y todo el agradecimiento que esto implica, sino que son nuestro modelo más claro de amor incondicional. Además, a través de ellos descienden y ascienden las energías primordiales —Pachamama y Pachakamaq— hasta nosotros. Si la relación con nuestros padres está bloqueada, ¿qué podemos esperar de las demás?

La familia está en crisis en todo el planeta porque el egoísmo del ser humano nunca ha sido tan grande. La célula base que compone la sociedad está enferma, y ya no es un cáncer, es una metástasis. Sin embargo, soy optimista y creo en los «milagros». Depende de que cada uno haga bien lo que le toca. De ahí la necesidad de formar familias fuertes, compromisos estables para no crear más sufrimiento innecesario.

Extrañamente, el uso de las plantas de poder es tan amplio y permite tantas cosas que uno no comprende cómo pueden ser usadas tanto para el bien como para el mal. Como expliqué antes, el poder es neutro y depende de quién lo usa y para qué. Esto significa que quien decide seguir el camino correcto lo hace por amor al bien, aunque a veces sea el sendero más duro e ingrato. La línea entre el bien y el mal es muy delgada, casi invisible, solo se ve con el corazón; es más, a veces puede ser recta, a veces ondulada. Nadie te puede decir lo que está bien, solo tu corazón lo sabe. Pero mira bien si es tu corazón o tu mente quien te habla.

Capítulo IV

La cuatripartición

La cultura del Tawantinsuyo

En lengua quechua, la palabra «Tawantinsuyo» significa 'que tiene cuatro regiones', y puede entenderse como las cuatro regiones del universo. Prefiero usar la palabra «cultura» en vez de «imperio» por las siguientes razones. Primero, hablar del imperio del Tawantinsuyo es referirse solo a su última etapa, es decir, al denominado Imperio de los Incas. Segundo, la palabra «imperio» describe un modelo político que no se ajusta a la realidad andina. Tercero, el Tawantinsuyo es para muchos de nosotros —admiradores esta cultura— un continuo cultural de más de 5,000 años, que se manifiesta a lo largo del vasto territorio andino, donde diversas etnias compartieron, durante milenios, entendimientos fundamentales sobre el orden de las cosas y las relaciones del ser humano con el cosmos. Finalmente, al referimos al Tawantinsuyo como una cultura, estamos queriendo decir que no se trata de un tema cerrado. Las últimas páginas aún no han sido escritas. Cada persona que aún hoy cultiva y comparte los valores y entendimientos que dieron origen a esa cultura está preparando el terreno para la siguiente versión del Tawantinsuyo: el quinto Tawantinsuyo, el Tawantinsuyo universal.

La mayoría de estudiosos modernos señala cuatro grandes momentos en la historia andina o, dicho de otra manera, ubica cuatro grandes Tawantinsuyos. Con ello, no se pretende restarles importancia a todas las demás grandes culturas que se desarrollaron paralelamente y en los intermedios, y que compartían los conceptos y valores esenciales.

El primer gran Tawantinsuyo corresponde al periodo Formativo. El descubrimiento de la ciudadela de Caral en la costa limeña abrió un nuevo capítulo en nuestra historia. Hallazgos como el *quipu* encontrado en uno de sus recintos es lo que nos permite hablar de un proyecto cultural de cinco milenios. La segunda gran expresión del Tawantinsuyo corresponde al periodo Chavín. Gracias a sus trabajos en piedra y cerámica, es posible identificar los símbolos fundamentales que expresan esta continuidad. Estos son la *chacana*, y la escalera y el espiral, ambos reconocidos y sacralizados en toda América. El tercer gran momento del Tawantinsuyo es el denominado Tiawanako-Wari. Aquí observamos una cultura bastante madura. En ella, se aprecia una organización con la capacidad de realizar grandes obras que podían demorar más de un siglo. Crearon palacios, ciudades, fortalezas, caminos y andenerías sobre muchas de las cuales los incas continuaron trabajando. El cuarto Tawantinsuyo corresponde al periodo inca. Es la expresión plena de esta cultura, con abundantes muestras de haber capitalizado todos los avances y descubrimientos científicos y culturales de sus antecesores. Orfebres del norte y tejedores del sur se dieron cita en la gran capital política y religiosa de Sudamérica. Mostraron una capacidad organizativa nunca antes vista, así como la planificación y ejecución de obras maestras monumentales. Cada uno de estos momentos de expansión cultural, a los que llamamos Tawantinsuyos, tuvo sus propias razones de tiempo y circunstancias para aparecer y desaparecer. Como señalé al comienzo, este no es un libro de Historia y, por ello, no me ocuparé de comentar aspectos históricos ampliamente tratados en otras obras.

El poder del símbolo

Hay muchos descubrimientos de la ciencia moderna que confirman la sabiduría de los pueblos antiguos. Uno de ellos es el del profesor Emoto, científico japonés que logró fotografiar el patrón molecular del agua bajo diferentes influencias. Pegó en botellas con agua etiquetas con palabras como «gracias», «amor» y «odio». El experimento fue concluyente. Las botellas etiquetadas con términos amables mostraban patrones moleculares sumamente armónicos y bellos, mientras que las otras expresaban imágenes caóticas y desagradables. Su teoría habla de la conciencia del agua, de su capacidad de recibir información y cambiar su patrón molecular en base a diferentes influencias gráficas, sonoras, etc. Su conclusión práctica es que el cuerpo humano, al estar compuesto de un 70% de agua, es vulnerable a todo tipo de influencia, para bien o para mal. Por eso, los antiguos tenían muy en cuenta qué tipo de diseños llevaban en su ropa. Hay algunos considerados medicina por muchas culturas del mundo y otros casi neutros, pero los hay verdaderamente negativos, peor aún para quienes los llevan tatuados en la piel.

Este conocimiento de la influencia de los símbolos es parte del secreto de los antiguos tatuajes. Cuando uno se tatuaba algún animal de poder o algún símbolo mágico de protección, sabía lo que estaba haciendo. En la actualidad, se ha perdido totalmente este significado y la gente se tatúa cualquier cosa, hasta imágenes realmente horrendas, sin que importe su significado e ignorando cómo afectan con ellas su vida y la de los demás. Los tawantinsuyanos conocieron el poder del símbolo y se esforzaron por decorar su vestimenta con los diseños y colores adecuados, de manera que cuando dos seres se encontraban, se miraban, se leían y se reconocían. Las palabras eran solo poesía o acompañamiento. Tampoco las joyas ni los utensilios domésticos estaban decorados con caprichosos dibujos siguiendo únicamente patrones estéticos. Los diseños expresaban el entendimiento y la sabiduría de cada artista, que era un maestro en todo el sentido de la palabra, tratando siempre de aportar su experiencia a la conciencia colectiva. El conocimiento está en el símbolo.

La esencia y la forma

Nuestra mente será siempre la encargada de dar la forma, mientras que nuestro amor está en relación con la esencia. Llevando esto mismo a un contexto social, vemos que las culturas tienen algo medular, algo verdaderamente esencial, pero que se manifiesta de múltiples formas. Inevitablemente, estas formas van cambiando y es parte de la naturaleza de las culturas expresar también la diversidad en términos de lo antiguo y lo moderno. Formas antiguas y formas nuevas. Las nuevas ramas de un árbol están unidas a sus raíces. No podemos tomar un hacha y destruir toda rama nueva solo porque no nos gusta o porque creemos que atenta contra la esencia. Hay quienes se aferran a las formas antiguas pensando que si se cambia la forma, se desvirtúa totalmente la esencia de la cultura.

Con los siglos, pueden cambiar las formas, la música, los trajes, los diseños, los colores, los materiales, las costumbres, pero si la esencia no cambia, la cultura es la misma. La forma del Tawantinsuyo ha cambiado muchísimo en 5,000 años, más aún teniendo en cuenta que dentro de su propio seno hubo muchas manifestaciones y tendencias. Pero la esencia se pudo conservar hasta nuestros días. A mi humilde entender, la esencia del Tawantinsuyo es la cuatripartición junto con la visión dualística del universo, evidentemente incluidos la lógica incluyente o el pensamiento trivalente, como prefieran llamarlos.

Todavía no se le ha dado al concepto de oposición complementaria la suficiente importancia en los medios académicos y, menos aún, entre la población en general. Sería muy positivo que todas las personas que defienden su propia visión del Tawantinsuyo reflexionen un poco sobre la inclusión. Se alzan muchas voces que se creen las únicas y legítimas representantes e intérpretes de la cultura del Tawantinsuyo. Nada más irreal y contrario a su esencia.

Es ampliamente sabido que cuando en el Tawantinsuyo se conquistaba alguna etnia vecina, se le integraba, se le invitaba a formar parte, se le concedía trasladar sus dioses y sus *huacas*. Incluso, a las etnias más importantes se les hacía un templo en la ciudad del Cusco. Yo he sido conquistado por la esencia de esta cultura que es el amor, la inclusión y la tolerancia. Pertenezco a su esencia aunque tenga mi propia forma. No me parece coherente que se levanten explícita o sutilmente argumentos racistas o xenofóbicos, cuando la historia ya ha dado muestras del crimen que esto significa.

En muchos casos, podemos tener los mismos fines pero no la misma motivación. Esto evidencia las discrepancias en cuanto a las estrategias a seguir para lograr el mismo objetivo. No se trata solo de una discordancia en la forma de actuar. En este caso, la línea que separa la esencia de la forma se vuelve un poco borrosa, pues los que creen luchar por la esencia tal vez solo están luchando por la forma. Pero lo que más nos diferencia es la motivación. Podemos luchar desde el amor o desde el odio.

Se puede comprender y sentir el dolor de un pueblo ultrajado y herido. Esto no solo está en nuestra memoria colectiva, sino también en nuestra memoria celular. Pero sembrar la semilla del odio y la revancha no es el camino para la restauración de una cultura. Es la prédica que más fácil se difunde, pero no es la visión que cura. Es la que más enferma y, si finalmente triunfara, estaríamos matando la esencia de aquello por lo que luchamos. La esencia de nuestra cultura es el amor y la tolerancia. No se puede restaurar nuestro amor odiando a quien nos lo quitó. Para la liberación de nuestros pueblos, podemos luchar desde el odio al «enemigo» o desde el amor a nuestra gente. La última es para mí la única opción.

Una antigua historia sufí cuenta que dos guerreros, uno cristiano y el otro musulmán, estaban luchando cerca de Jerusalén. Era un combate de honor, así que un tercero observaba sin intervenir. Cuando, finalmente, el musulmán derrotó al cristiano, le puso su filosa espada en el cuello y le concedió unos segundos para su última oración. Entonces, el cristiano escupió la cara del musulmán, este titubeó unos segundos, pero lo soltó y lo dejó ir. El hombre que observaba la lucha le preguntó: «¿Por qué lo dejaste ir?». El guerrero respondió: «Es que en ese momento lo odié».

Los abuelos vieron el futuro

A mucha gente que ha tenido la oportunidad de experimentar otros estados de conciencia —sea con el uso de plantas maestras o con otras técnicas— no se le hace muy difícil creer que pudieron existir seres con la capacidad de ver el futuro. De ninguna manera pienso que el porvenir esté determinado, pero sí que hay tendencias y probabilidades para que algo suceda, y que hay gente con un don especial para ver imágenes de estas posibilidades. Es un hecho evidente y casi cotidiano tener intuiciones de cosas que van a pasar que, muchas veces, nos sorprenden por su precisión. Mas el asunto es qué tanto se pueden adelantar estas intuiciones. ¿Un mes?, ¿un año?, ¿algunos siglos? Ciertamente, no le pongo límite. Sin embargo, hace milenios, pudo haber gente que, en estados muy especiales de conciencia, vislumbró esta caótica civilización. Ellos optaron —en lo que denominamos los albores de la civilización— por un modelo de vida diferente, por una manera distinta de hacer las cosas y por conducir a las sociedades a través de otros caminos. La gran diferencia es que antes veían las posibilidades y luego elegían, mientras que, ahora, el mundo occidental ha creado una inmensa bola de nieve, una gigantesca avalancha llamada «sálvese quien pueda», sin opción a que alguien pueda pararse al frente, tan solo un segundo, para preguntarse a dónde estamos yendo.

No estoy en contra de la tecnología ni del progreso, pero ¿a este precio? Tal como están las cosas, todo lo bueno y hermoso que trae nuestra tan preciada tecnología no justifica el dolor ni el daño que le estamos haciendo a nuestra madre tierra. La pregunta es: ¿vieron los antiguos este desastre? Yo creo que sí. Sí lo vieron y optaron por otros caminos, sin escritura y sin rueda. No es que no escribieron porque no pudieron, sino porque no quisieron. He aprendido mucho más de los símbolos que de tanta palabrería inútil. Reconozco que, tal vez, hayamos perdido mucha de esa capacidad para crearlos y leerlos. Pienso que debemos retomar ese camino seriamente. La verdadera enseñanza no se puede dar solo en palabras; el símbolo nos trae el mensaje completo.

La gran bendición

Hemos dejado de *sentir* el daño que causamos, desconocemos lo sagrado de los otros reinos de la naturaleza y creemos que somos los reyes de la creación, el centro del universo, y que todo está para servirnos. Con tan poca sensibilidad, es imposible definir cuál es el límite de la tecnología que podemos usar. En el momento en que el ser humano deja de *sentir,* pierde literalmente la mitad de su condición y se vuelve medio humano. Piensa pero no siente. Recordemos siempre que tener emociones no es lo mismo que sentir. Sentir es AMAR. Reflexionemos acerca de si todo este planteamiento sobre nuestro rol en la tierra tiene o no un origen religioso con desastrosas consecuencias.

¿Somos culpables de esto? Culpables nunca, responsables siempre. Dejemos la culpa para quienes gustan golpearse el pecho y vayamos a preguntarle a Descartes, padre del racionalismo, qué estaba sintiendo cuando dijo «pienso, luego existo». Vayamos más atrás, donde el mismísimo Moisés, quien en su versión del paraíso cuenta que su Dios expulsa al hombre y a la mujer con triple maldición. Maldijo a la mujer, a la tierra y al hombre. Me atrevo a citar literalmente este pasaje del *Génesis* en la Biblia, porque creo que este texto es el inicio de la gran confusión sobre la cual se construye toda la cultura judeo-cristiana:

> Y Dios dijo: ¿Quién te enseñó que estabas desnudo? ¿Has comido del árbol que te mandé no comieses?
>
> Y el hombre respondió: La mujer que me diste por compañera me dio del árbol, y yo comí.
>
> Entonces Jehová Dios dijo a la mujer: ¿Qué es lo que has hecho? Y dijo la mujer: La serpiente me engañó, y comí.
>
> Y Jehová Dios dijo a la serpiente: Por cuanto esto hiciste, maldita serás entre todas las bestias y entre todos los animales del campo; sobre tu pecho andarás, y polvo comerás todos los días de tu vida.

Y pondré enemistad entre ti y la mujer, y entre tu simiente y la simiente suya; esta te herirá en la cabeza, y tú le herirás en el calcañar.

A la mujer dijo: Multiplicaré en gran manera los dolores en tus preñeces; con dolor darás a luz los hijos; y tu deseo será para tu marido, y él se enseñoreará de ti.

Y al hombre dijo: Por cuanto obedeciste a la voz de tu mujer, y comiste del árbol de que te mandé diciendo: No comerás de el; maldita será la tierra por tu causa; con dolor comerás de ella todos los días de tu vida.

Lo primero que se me ocurre comentar, como padre de numerosa familia, es que siempre trato de estar atento a la proporción entre la falta y la reacción. Esta triple maldición —de por vida— solo por una falta de obediencia es un poco desproporcionada. Mis hijos no aceptarían semejante injusticia. Segundo: conozco pocos padres que sean capaces de maldecir a sus hijos. Me es muy difícil imaginar un Dios tan cruel: incrementar los dolores del parto, condenar a sufrir para ganarse el pan, maldecir la madre tierra. Tercero: hasta ahora, pagamos las consecuencias del contrabando ideológico contenido en este pequeño pasaje.

Creo que muy poca gente ha reparado en los efectos de estas maldiciones en el inconsciente colectivo. En la mujer, principalmente, la culpa. Esta maldición la hace cargar inconscientemente con el peso de haber introducido el mal a la existencia. «Por mi culpa nos botaron del paraíso». Toda esa abnegación llevada a veces hasta el martirio y muchos cuadros de autotortura soportando cargas verdaderamente inhumanas —golpes y maltratos en el hogar— tienen su origen en esta creencia inconsciente de que tiene que sufrir para pagar alguna culpa. Ellas son quienes soportan la carga más fuerte, por lo menos en las sociedades del «tercer mundo». A través del abuso, estamos matando esa bondad, esa capacidad de sacrificio que los creadores pusieron en lo femenino. En el inconsciente de los hombres está el permanente reproche a la mujer por haber perdido el paraíso por su culpa. Por eso, cada vez que nos va mal en el trabajo o que creemos que la vida es exageradamente injusta o cuando se nos pincha un neumático, inconscientemente ya sabemos a quién culpar. ¿Quién tiene la culpa de todo? Ahora ya lo saben.

«Por cuanto obedeciste a la voz de tu mujer, y comiste...». Simbólicamente, la mujer, lo femenino, representan la intuición, el corazón. El mensaje inconsciente es: «No hagas caso a tu intuición ni a tu corazón, obedece solo a tu mente». Por otro lado, no creo que maldecir el trabajo ni, menos aún, el trabajo agrícola, provenga de la inspiración divina. El trabajo es una bendición. Si no trabajo, no me siento feliz.

¿Sobre qué mentes se ha construido esta cultura? Somos nosotros quienes les hemos dado poder y credibilidad a estas personas. Ahora nos toca poner todo y a todos en revisión hasta encontrar en qué momento dejamos de sentir como humanidad. Pienso y siento, por eso insisto. En complemento a esa triple maldición, propongo una triple bendición, para la mujer, para el hombre y para la tierra. (Aunque a veces seamos un poco desobedientes).

La religión de la realidad

Uno de los méritos más grandes de la cultura del Tawantinsuyo fue no crear una religión desligada de la realidad, sino totalmente entretejida con ella. Las figuras principales de su imaginario —la tierra, el Sol, la Luna, las montañas, nuestros *Apus*, los ríos, las lagunas, el rayo, los manantes de agua, los *pukios*— expresan un entendimiento muy alto en el que la necesidad de inventar deidades o especular sobre sus relaciones es escasa o nula. Habla muy bien de estos abuelos haber tenido la sensibilidad de captar y entender el poder y la energía de estas formas de vida. A mí nadie me obligó a creer en los *Apus*, pero después de algunos años de vivir a los pies de estas montañas gigantescas de descomunal belleza, pude interpretarlas como un gran poder. Algo tan bello es necesariamente poderoso y posee una gran energía que habla, inspira, comunica muchas cosas. Uno puede entender y sentir el cariño del Sol como un gran padre dador de vida, y a la Tierra como nuestra gran madre, que nos sustenta y nos sostiene. Es una cuestión de sensibilidad o de nivel de conciencia —lo que al final es lo mismo— si les concedes o no al Sol, a la tierra o a las montañas, inteligencia, vida, espíritu.

Me imagino a unos hombres —muchos con escasa vocación y poco entendimiento— llegando en el tiempo del oscurantismo, cargando pesadas cruces, dogmas, demonios y miedos, discutiendo entre ellos si la gente de América tendría o no alma. Encontrarse con una religión sin dogmas ni especulaciones y con gente que adoraba sencillamente la realidad debió haber sido una experiencia abrumadora.

En los Andes, el proceso de ir creando una religión a través de 5,000 años de historia, agricultura y ciudades con comercio floreciente, siguió un rumbo muy diferente que en Europa. Aquí, la religión no fue ni dogmática ni centralista. Al referirnos al Tawantinsuyo, hablamos de religión como de la suma de ritos y entendimientos que le permiten al hombre relacionarse con lo sagrado.

A lo largo de este continuo cultural, los pueblos del Tawantinsuyo fueron tomando las sólidas bases de sus antecesores y, sobre ellas, siguieron construyendo hasta la época de la invasión. Es casi cómico cómo la teología moderna pretende menospreciar la sabiduría que poseían los antiguos llamando panteísmo —«la totalidad del universo es el único Dios»— al sencillo hecho de honrar la realidad. Los sabios de otros tiempos, nuestros abuelos —gente honesta— nos enseñaron a amar la realidad, a honrar aquello que nos da la vida en todos los niveles y a considerarnos parte de esta gran familia de la existencia, no su centro ni el principal objeto de adoración.

Todo el misterio se resuelve cuando recuperamos la capacidad de sentir, no la función emotiva de la mente. A partir de ese momento, ya no tiene sentido engañar ni autoengañarnos, ni tratar de prevalecer intelectualmente sobre los demás. Perdemos el gusto de mentir y de inventar una religión diciendo que no es creación nuestra sino revelación divina. La religión —vista como un sistema de reglas y acuerdos éticos para normar las relaciones— es positiva y cumple una función importantísima en la sociedad. Pero cuando estos acuerdos solo sirven para manipular a las personas y aprovecharnos de ellas, esto ya no es religión, sino vil explotación. Cada sociedad tiene el derecho de establecer estos acuerdos para su beneficio y de conducir mediante estas normas a sus miembros por un verdadero camino evolutivo de amor y de respeto.

La mente del ser humano continúa evolucionando. Cada vez, será más difícil conducirlo o manejarlo mediante dogmas. El momento actual pide un replanteamiento de lo que entendemos como «Dios». Recuerdo que cuando era niño, cada Navidad, mi hermano y yo escribíamos nuestras cartas pidiendo regalos y las colgábamos en un árbol para que las recoja Santa Claus. Años después, accidentalmente, las descubrimos todas en un cajón y ese fue el fin del hermoso mito. En la actualidad, mucha gente empieza a notar la diferencia entre lo que significa adorar a un Dios que se encuentra en nuestra mente —construido por las religiones, sostenido solo por nuestras creencias— y reconocer a otro, el verdadero creador que existe más allá de toda religión y dogma. Así, como cuando somos niños creemos determinadas cosas que son propias de la edad, cuando crecemos, la vida misma nos invita a ir acercándonos más y más a la realidad.

En una antigua tradición del pueblo andino, encontré uno de los ejemplos más claros y hermosos de cómo se crea la religión en una sociedad. Contaba que los niños que nacían con alguna malformación, discapacidad o retardo, eran considerados *illa*, es decir, sagrados, y eran vistos como una bendición para la familia. Asimismo, por ejemplo, cuando salían varios maíces de una misma mazorca o cuando los animales nacían con alguna señal que los hacía diferentes, eran sagrados. Qué hermosa forma de resolver una aguda situación social: utilizar el mecanismo de la religión y declarar que estos niños especiales son sagrados y una bendición, en vez de mirarlos con lástima y considerarlos perdedores en nuestra sociedad. No dejo de maravillarme ante tanta sabiduría.

La cuatripartición

Es un concepto muy antiguo, una realidad anterior al ser humano, tan antigua como el universo. Remontémonos al mismo momento del *big bang*. No me es difícil imaginar estos cuatro conceptos creándose en simultáneo: el Espacio, el Tiempo, la Energía y la Materia. Curiosamente, una de las leyendas de la formación de la civilización inca es la de los cuatro hermanos *Ayar* —el número cuatro como principio formativo—.

Como veíamos al comienzo del libro, la cuatripartición es el resultado de dividir la dualidad. Es, a mi entender, la mejor forma de manejarla constructivamente. Los antiguos sabios lo entendieron de la siguiente manera: la paridad y la complementariedad no solo se expresan en *lloq'e-paña* —izquierda-derecha—, sino también en *hanan-urin* —alto-bajo—. Esto permite ver la realidad en más de dos dimensiones —blanco-negro—, abriendo la puerta a un universo totalmente diferente.

El primer ejemplo práctico que viene a mi mente es el discurso de un conferencista que disertaba sobre la lógica incluyente y la cuatripartición, y hablaba mal de la cultura occidental, sin reconocerle ni un solo aporte positivo. Más allá de no entender la esencia de la cuatripartición, parecía contener el siguiente discurso oculto: nosotros los indígenas somos los buenos, todos los demás son los malos. Un verdadero maestro del Tawantinsuyo nunca lo pondría así, sino aplicaría la doble división: entre mi pueblo hay gente sabia y gente ignorante, e igual entre los extranjeros. Qué diferente hubiera sido la historia de América si hubiesen arribado a nuestras costas barcos cargados con músicos, poetas, sabios y verdaderos sacerdotes portando maravillosos obsequios, en vez de ambiciosos forajidos.

No todas las culturas le dieron la misma importancia a la cuatripartición, pero sí se encuentran importantes muestras de este entendimiento desde tiempos muy lejanos. El monumento lítico más antiguo que transmite esta idea es la conocida Esfinge de Egipto. Este símbolo monumental expresa, a través de un animal mítico, el concepto de la cuatripartición. Tiene cabeza de ser humano, parte delantera —garras— de león, parte trasera —nalgas— de toro y alas de águila. Expresa, de esta manera, un ser con cuatro naturalezas, cuatro dimensiones, cuatro energías. Este símbolo fue reconocido y mantenido por las escuelas gnósticas muy difundidas en toda la costa este del Mediterráneo hasta finales del siglo III de esta era. En esa zona, se encuentra la Isla de Patmos, donde Juan el Evangelista escribió su famoso *Apocalipsis* evidenciando la influencia del gnosticismo a través de la reutilización del simbolismo de los cuatro animales.

Otra de las culturas que muestra en su iconografía un entendimiento similar es la hindú. En la India, se expresó este concepto a través de la esvástica. Este es también un símbolo maestro porque da a entender que no solo es una cruz que expresa la cuatripartición, sino que es una cruz en movimiento, indicando con la última parte del trazo —la que es perpendicular al brazo—, hacia dónde está girando la cruz, si en sentido horario o antihorario. Cuentan que hace miles de años, en algunos templos, se utilizaban dos esvásticas para encender el fuego sagrado. Una de ellas permanecía quieta, echada sobre una base, mientras que a la otra se le traspasaba en el centro un pedazo de madera a modo de eje, cosa que podía girar sobre el centro de la que estaba acostada, que simbolizaba el giro contrario, la parte femenina. Grandioso simbolismo. Después de girar un buen rato —si era la madera correcta y estaba bien seca— se encendía el fuego sagrado, la unión de lo masculino y lo femenino.

Existen muchas muestras de otras culturas que dejaron desde pinturas rupestres hasta grabados en piedra alusivos a la cuatripartición, pero basta mencionar las principales. Este entendimiento estuvo también entre las primeras culturas europeas, como lo demuestra el siguiente grabado.

El lábaro, milenario símbolo cantábrico del norte de España.

Pero regresemos unos momentos al antiguo Egipto, donde se maquina una de las estrategias más hábiles para perennizar un conocimiento. Así como pienso que nuestros abuelos americanos podían ver el futuro, también creo que los egipcios estaban muy avanzados en esa ciencia. No solo se contentaron con hacer semejante monumento en piedra desafiando al tiempo, sino que, por si a algún loco de esos —a quienes hoy llamamos mandatarios— se le ocurriera algún día bombardearlo, idearon un maravilloso juego donde esconder toda su sabiduría. Así nace el Tarot. Vislumbrando que, tal vez, no sería la virtud lo que más atraería a las generaciones venideras, le apostaron al vicio y a la superchería. ¡Éxito! El juego de cartas no cayó en el olvido. Me imagino que muy pocos de los más iluminados jugadores en Las Vegas tienen idea de este origen sagrado. Lo que actualmente queda de su simbolismo original es muy poco: los cuatro palos de la baraja y las figuras del rey, la reina y el valet. Los arcanos mayores fueron eliminados. Esta es una versión del Tarot que sufrió una total desvirtuación. El tronco principal, que tiene sus raíces en Egipto, se mantuvo intacto. Los antiguos sabios plasmaron en una serie de láminas no solo el entendimiento de la cuatripartición, sino de toda la manifestación arquetípica. Luego, esto se extendió por la costa mediterránea y viajó, desde los primeros siglos de la era cristiana, a toda Europa a través de las tribus gitanas que venían de Oriente. Lo esencial de este conocimiento encriptado es justamente el entendimiento de la cuatripartición.

Sin embargo, es imprescindible mencionar que la versión que llega a Europa desde el lejano Egipto cuenta con un ilustre intermediario que añade valiosos aportes en muchos sentidos. Estamos hablando del pueblo hebreo. Durante su histórica estadía en tierras egipcias, ambas culturas se influencian mutuamente y dan lugar a uno de los experimentos sociales más interesantes de la historia de la humanidad. No debemos olvidar que es el mismo Moisés quien relata el origen de su real procedencia, es decir que fue un niño hebreo adoptado por la hija de un faraón y, luego, criado en la corte egipcia como un verdadero príncipe. Hay quienes creen que esto fue así y quienes no. Una de las versiones cuenta que el príncipe Moisés era de origen egipcio y que, por profundas discrepancias con la teología dominante, decidió iniciar una aventura que excede la imaginación. Percatado de la tendencia tradicional del pueblo hebreo al monoteísmo, ensaya una maravillosa síntesis: el entendimiento de la cuatripartición del pueblo egipcio aplicado en su aspecto de cuatriunidad a la concepción de un solo Dios. Evidentemente, hay muchas cosas que no les dice a los hebreos, como, por ejemplo, el significado o el por qué de las cuatro letras que componen el nombre de Dios.

La ley dinámica de transformación o la rueda de medicina

En el Tarot de Marsella, uno de los más famosos de la Europa medieval, encontramos no ya los símbolos originales egipcios, sino una versión con imágenes europeas y el alfabeto hebreo en las 22 láminas. De allí, obtenemos que el cuaternario principal, es decir, las cuatro letras que representan el código bajo el cual se descifra toda la simbología de la ley cósmica expresada en el Tarot, «coinciden» sorprendentemente con las cuatro letras del nombre del dios de los hebreos: IHVH. Como sabrán, en el hebreo antiguo no se escribían las vocales, lo que generó todas estas posibles lecturas: Ihevhe, Iavhe, Yavé, Jehová.

Podemos encontrar una relación inmediata de este ciclo de transformación con nuestro año solar. Los dos solsticios y los dos equinoccios forman una secuencia de cuatro movimientos, que es una de las primeras referencias al concepto de ciclicidad. Fue también uno de los grandes avances en toda civilización percatarse de estos periodos anuales para lograr la noción de tiempo y poder orientarse adecuadamente, sobre todo con el advenimiento de la agricultura. Así, identificaron claramente, a través de observatorios solares, cuatro momentos principales. El solsticio de verano, que marca el punto más nórdico del Sol; el equinoccio, que marca el punto central en su recorrido; luego, el solsticio de invierno, que señala el punto Sur; y, finalmente, otra vez el equinoccio marcando el punto central. Encuentro una maravillosa «coincidencia» entre la repetición de dos puntos centrales como los equinoccios y la repetición de las dos letras H en la ley dinámica de transformación (IHVH).

El nombre del Dios de los hebreos no era en realidad el nombre de un personaje divino, tal como lo interpretó el pueblo. Fue el nombre de una ley cósmica, una secuencia de transformación que el ser humano intuyó simultáneamente en todos los continentes desde el comienzo de la humanidad. Los antiguos sabios llegaron al entendimiento de la cuatripartición o la cuatriunidad y, además, entendieron que esta no es estática, sino que tiene un movimiento secuencial. Denomino a esta secuencia de cuatro *la ley dinámica de transformación.*

Entre los pueblos nativoamericanos, no solo existe el conocimiento de las cuatro regiones que forman el universo y de los grandes poderes que moran en cada una de ellas, sino que estas cuatro direcciones, al girar, crean la rueda de medicina que permite que todo se cure y sea renovado. Es exactamente el mismo entendimiento, pero en el otro lado del planeta. Evidentemente, todo esto es un intento de interpretar una realidad abstracta y de adecuarla a imágenes y palabras. No es mi intención discutir si es la rueda la que gira o si somos nosotros los que nos movemos y atravesamos estas cuatro energías. En realidad, podrían ser ambas cosas.

A continuación, quisiera mostrar los dos siguientes gráficos que expresan la cuatripartición: el sistema al que denominaremos occidental —que parte del simbolismo de la Esfinge y que luego es enriquecido en la Europa medieval con otras asociaciones— y el sistema americano.

Toro			Alce
Norte			Norte
Callar			Blanco
Tierra			Chinchaysuyo

Hombre		Águila	Búho		Águila
Oeste		Este	Oeste		Este
Saber		Atreverse	Negro		Rojo
Agua		Aire	Kontisuyo		Antisuyo

	León			Puma
	Sur			Sur
	Querer			Amarillo
	Fuego			Qollasuyo

Más son las coincidencias que las discrepancias entre estos dos sistemas, sobre todo teniendo en cuenta que, en los dos casos, se trata de palabras simbólicas que intentan expresar una realidad mucho más grande. Para continuar acortando distancias, el «Norte» al que se refieren en la versión occidental no es el norte geográfico, sino uno referencial, espiritual o como prefieran llamarlo. En la versión americana, es reemplazado por el «Este», dirección por donde sale el Sol y que simboliza siempre el comienzo. Por otro lado, estos dos diagramas no son las únicas versiones. Los tomo porque me parecen los más representativos. Hay que tener en cuenta que el diagrama americano ya es una unificación entre el «Norte» y el «Sur». De todas maneras, hay que tomar todo esto con absoluta flexibilidad. No estoy diciendo «esto es así». Simplemente, así lo veo en este momento y así creo que lo vieron algunas personas hace mucho tiempo. Y, desde estas páginas, puedo imaginar la alegría de quienes consigan verlo así.

Esta es otra historia de migraciones parecida a la de los hopis, y creo que se complementan, aunque la forma de graficarlas sea diferente. Sugiero partir del mismo núcleo de la cruz, pero esta vez nuestro desplazamiento desde uno de sus brazos hacia el otro ya no pasa por el centro, sino que se dirige, directamente, al brazo siguiente, de modo que nuestro recorrido describa una suerte de espiral.

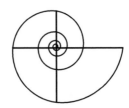

En la primera dirección del diagrama de la versión occidental de la cuatripartición, el «Toro» simboliza el comienzo, la fuerza para todo inicio. Es un animal de labranza y, por lo tanto, representa el trabajo duro, la mansedumbre, la humildad. Por eso, lo asociaron posteriormente a la palabra «Callar», porque es la primera condición para quien quiera aprender. Callar para poder escuchar, pero también para poder entender lo que se puede decir y lo que no.

La segunda dirección, puerta o energía, está simbolizada por el «Agua» y por el «Hombre» —ser humano—, que simbolizan la mente, el conocimiento y la sensualidad. El caminante parte de la «Tierra del Toro» y se adentra en el «Agua del Hombre» buscando el conocimiento necesario para seguir su viaje, pero en medio de esa experiencia es seducido por los placeres del intelecto y de la sensualidad, y, por un tiempo, queda atrapado olvidando el propósito principal. No recuerda ya para qué se sumergió en aquel océano de conocimiento, hasta que algunas pistas dejadas por anteriores caminantes le hacen recuperar la memoria y reemprender el viaje.

Continuamos avanzando desde el elemento «Agua» hacia el elemento «Fuego». ¿Qué es lo que encontramos más adelante? Pruebas, pruebas y más pruebas. Parece, realmente, que no hay camino o está en tan mal estado que, por momentos, se hace intransitable. Pero luego de unos pasos con mucha fe, vuelve a ser visible, no fácil, pero visible. La temperatura aumenta en el exterior, pero el calor generado por la fricción interna es mucho mayor. ¿Seguir aun cuando las condiciones externas e internas se vuelven a cada paso más y más insoportables, o volver a disfrutar de la maravillosa sensualidad de nuestros paraísos acuosos en la humana esfera? ¿Retornar a cobijarnos en la tibia protección de la manada o enfrentar el destino calcinante de todos nuestros miedos, inseguridades y egoísmos, confiando en que tenemos un buen propósito y en que nuestra voluntad no es diferente de la voluntad del universo? Esto es lo que pronto averiguaremos, al llegar ante la puerta preferida por el gran misterio. Adentrarnos en la oscuridad, la negrura, la calumnia, la incomprensión, el vituperio, la soledad, y salir con una sonrisa, llenos de amor.

La puerta de «Fuego» se alza ante nosotros. Todo lo que realmente no somos está a punto de ser destruido. «Querer» es tal vez la palabra más precisa de las cuatro. Para cumplir este ciclo de transformación, en verdad tiene uno que QUERER, dejarse abrazar por las flamas del espíritu y pedirle que destruya todo aquello que no debe continuar. El «Fuego» destruye todo lo que no es fuego. El fuego del sacrificio. El fuego regenerador. El fuego del Sol. Para QUERER, tienes que lograr un corazón de «León», de «Puma», de otorongo, un corazón de fuego. Un corazón que no se rinde, que no deja de intentarlo, que si fracasa vuelve a probar otra vez. Que no se cansa de perdonar, de dar y de darse otra oportunidad, hasta poder ser uno con el «Fuego». Este es el «Fuego del Sur», el punto más austral de la cruz, la misma muerte; lo que algunos llamarían el *seol*, el lugar a donde descendió Jesús una vez muerto y del cual se levantó. Está el fuego sobre el altar y, de pronto, descubrimos que nosotros somos la ofrenda. No se trata de una novela ni de una fábula. Es un mito, el mito cósmico de la regeneración humana, que se vuelve realidad cada vez que un ser humano decide interpretar el papel.

En un entendimiento multidimensional, estamos describiendo la rueda mayor, que puede terminar con nuestra vida física y darnos también la oportunidad —o no— de vencer la misma muerte. Pero existen, al mismo tiempo, millones de otras pequeñas ruedas de menor intensidad. Cada vez que sientas que el calor aumenta y que la vida te está probando, es una pequeña rueda que está girando. Cada vez que estés ante una situación difícil y mentir te parezca la solución, sé honesto, mantente firme, no des un paso atrás; deja que la rueda gire y te transforme. La intensidad irá en aumento vez tras vez, vuelta tras vuelta, hasta llegar a la rueda mayor.

Hace algunos años, durante una ceremonia de ayahuasca en la que estaba muy triste, de pronto, el fuego comenzó a hablarme. Me preguntó: «¿Por qué sufres?». Le dije que sentía un gran dolor porque había mucho sufrimiento en la tierra. Me dijo: «¿Quieres ayudar en algo a aliviar el dolor de tus hermanos? Toma, aquí esta el poder, tómalo con tus manos. Toma mi fuego». Yo lloré aún más y me sentí peor, reconociendo que era un cobarde porque no me atrevía a recibir el regalo ofrecido que acabaría con tanto sufrimiento inútil. Le supliqué que me diera más tiempo, le prometí que trabajaría muy duro en purificarme y tratar de merecer otra oportunidad semejante. Esto no es un cuento. Es, tal vez, lo más sagrado que me ha pasado y, hasta ahora, me hace llorar cada vez que lo recuerdo. Puso fin a mis fantasías de pretender ayudar a la humanidad cuando todavía no podía cargar ni mi propio peso. Me hizo ver que mi mayor dolor no era en realidad «el sufrimiento del mundo», sino mi propia incapacidad, mi propio autoengaño. No sé si lograré algún día pararme nuevamente delante del mismo fuego y decirle: «Padre, ahora sí, estoy listo». No lo sé, pero hacia allí me dirijo.

Este libro no forma parte de un taller de crecimiento personal a donde vamos para ver si encontramos una pareja más adecuada. Es un llamado a los que sienten el fuego crepitando en su corazón, a los que presienten que se aproximan grandes cambios y que hay que prepararse para enfrentar las duras pruebas que están por venir. Estos cambios harán que mucha gente incremente su conciencia y su amor, pero, para otros, será la pérdida de lo poco que han ganado.

A quienes viven todavía disfrutando un daiquiri en las piscinas de la intelectualidad chamánica, mis saludos y que lo disfruten realmente mucho, porque lo que sigue en el camino, ciertamente, no es broma. Escribo estas páginas parado ante el abismo más grande que jamás me haya tocado contemplar. No sé si viviré, ni si estas páginas verán la luz, pero de todos modos quiero decir que todo esto ha sido escrito con la sinceridad y el respeto que mi propia muerte me inspira.

Pienso que cada ser hace las cosas lo mejor que puede, que nadie puede saltar el paso siguiente, que cada uno está bien en lo que está, y que si ahora no te das cuenta, ya lo harás. Cada ser humano está en un proceso y en un tiempo diferentes, en algún punto distinto de la gran rueda. Usa la gran rueda, transfórmate con ella.

Vamos de regreso a nuestra gran rueda. ¿Qué nos queda? El «Aire», el «Águila». Significa «Atreverse» a sostenerse con sus propias alas, aprender a caminar en el aire. Ya nada te sostiene, solo tu propio vuelo. Se acabaron las creencias, las doctrinas, las filosofías, los caminos, las teorías sobre las que te apoyabas, incluso esta. Para un águila todas carecen de valor. Tu nueva realidad: las cosas son y no son. Tu lógica es incluyente. Tu rezo: «Todo está bien, aunque a veces puede estar mejor». Tu amor se ha liberado de todo condicionamiento, eres libre de los dramas divino y humano. No eres más un prisionero de los dioses; menos aún, del bien y del mal. Estemos atentos, no perdamos oportunidades, entremos en una rueda cada vez más grande, más intensa, donde el compromiso sea cada vez mayor. Pronto te darás cuenta de que la rueda gira, de que la rueda cura, de que la rueda transforma.

Antes de terminar, quiero comentar un aspecto práctico que puede ser de mucha utilidad para entender mejor determinadas situaciones. Cada brazo de la cruz de esta rueda permite un tipo de situación posible. En total, son cuatro clases de experiencias por las que debemos atravesar. Cuatro las lecciones que debemos aprender, que podemos graficar del siguiente modo.

Hago las cosas mal
y todo me va mal

Hago las cosas mal y todo me va bien	$+$	Hago las cosas bien y todo me va bien

Hago las cosas bien
y todo me va mal

Este aspecto de la rueda es uno de los más secretos y curativos, pues no permite que nadie se escape de los cuatro aprendizajes. Todos, en mayor o menor medida, pueden recordar y reconocer en su vida estas cuatro posibles situaciones. Dos de ellas son lógicas y dos aparentemente ilógicas. Pero estas dos últimas son poderosas medicinas para entender situaciones aparentemente injustas. Cuando vemos que tantos malvados y mentirosos se salen con la suya y burlan, supuestamente, toda justicia, solo están experimentando un fugaz beneficio. Esto no debe minar nuestra confianza en el amor como el gran propósito de la vida. Y cuando nos toca enfrentar, hacer las cosas bien y que todo nos vaya mal, es clara señal de estar frente a la puerta de «Fuego», donde se destruyen toda lógica y todo sentido de justicia. A partir de allí, solo sobrevive el amor. Es, evidentemente, la prueba más dura, es el misterio de la cruz. Muchos se burlarán y dirán que si hubiéramos hecho bien las cosas, no nos pasaría lo que nos está pasando. Pero cuando uno está en ese momento, sabe por qué tiene que ser así.

Atrevernos a imaginar la unidad, contemplar la dualidad, disfrutar la trinidad, el movimiento, la relación... y, finalmente, llegar al cuaternario, la cuatripartición... y volver a empezar, vuelta tras vuelta en nuestro sagrado espiral de Espacio-Tiempo-Conciencia.

En cada vuelta, entiendo y siento un poco más lo que estoy haciendo y lo que está pasando. La gran rueda de la medicina gira, inevitablemente, a pesar de ti y a pesar de mí, a pesar de todo. Los sagrados «animales» y las cuatro palabras mágicas nos siguen transformando, la gran Esfinge vuelve a volar, y todo gracias a los «primitivos» que se dieron el trabajo de escribir en piedra. Siento vergüenza ajena ante tanta moderna arrogancia. Trato de compartir la idea de que, desde tiempos remotos, en todos los continentes, hubo seres humanos de una sabiduría y de una claridad casi inimaginables para nosotros, que entendieron básicamente lo mismo y que, aunque siempre tuvieron que lidiar con las vicisitudes de su tiempo, lograron transmitir lo fundamental, lo más importante, lo más sagrado.

El círculo vicioso y la espiral de conciencia

Los famosos chakras o centros de energía no son patrimonio de ninguna religión o cultura sino que existen simplemente como una realidad energética en todos los seres humanos del planeta.

Hace muchos años en una ceremonia, mi maestro don Benito me habló de unos «remolinos de aire» dentro de mi cuerpo que tenía que limpiar. De joven había leído muchos libros inútiles sobre los chakras que solo me hicieron perder tiempo y no me sirvieron de nada, pero él no había oído mencionar nunca esa palabra, sin embargo sí los veía.

Vivimos inundados por toneladas de información basura. Gente que no sabe nada y escribe mucho. Poco de lo que leí sobre los chakras me sirvió en forma útil y concreta. Casi todo eran meras especulaciones o detalles irrelevantes que no aportaban nada ni en lo concreto ni en lo real. ¿Cómo podría limpiarlos, entenderlos, utilizarlos? Solo años de meditación en ellos durante las ceremonias me llevaron a encontrarles el lado concreto y su correspondiente aplicación práctica.

Haciendo un útil sincretismo, unificando los caminos evolutivos que hasta ese momento conocía, fue que encontré el significado práctico de todo aquello que hasta entonces eran puras teorías.

Las cuatro regiones del universo (los cuatro suyos en la versión andina), así como las cuatro puertas o las cuatro direcciones de los nativos de Norteamérica, corresponden a los cuatro primeros chakras.

Luego vino en mi ayuda una vieja enseñanza oriental que decía que la mente no se encuentra en el cerebro sino en el vientre. Con esto terminé de entender hasta este punto la rueda de medicina.

Las tres primeras puertas o los tres primeros chakras están completamente gobernadas por la mente. De alguna forma son la mente y cada puerta y cada chakra están en relación directa con cada una de las tres principales energías que mueven el mundo: dinero, sexo y poder.

No hay manera real de trascender la esfera mental si no somos capaces de estar más allá del dominio de estas tres influencias. He aquí la verdadera trampa y las tres grandes pruebas de una verdadera iniciación. Si las pasamos nos otorgan la liberación del ego y de la mente y el correspondiente ingreso a un nuevo nivel de vida y de entendimiento. Si no, daremos tantas vueltas como sea necesario en ese círculo vicioso hasta que por propio entendimiento encontremos la salida, nuestra salida.

El ingreso a la cuarta puerta o la energía del corazón marca la diferencia entre un estado de ser y otro. Entre una persona y otra. Entre alguien que todavía trabaja, goza y usa el poder en beneficio de su ego y otra que ya trascendió esta etapa inicial y ahora disfruta de una conciencia que le permite comprender la naturaleza del placer del esfuerzo y del sacrificio que implica trabajar tanto para abandonar estas etapas infantiles de la existencia.

Cuántas personas van por la vida engañando y haciéndose pasar por gurus, maestros, shamanes, hombres medicina, mientras todavía no han podido cumplir con trascender estas energías básicas. No han encontrado todavía el placer de la dignidad.

El tercer chakra (o la puerta del poder) representa el momento en el que somos capaces de hacer el gran sacrificio, entregar nuestra mente y nuestro ego como ofrenda a la verdad. Este es el significado dentro de la iconografía andina de las múltiples imágenes de decapitados. No es como piensan muchos falsos historiadores o arqueólogos que ven en estas imágenes símbolos de cruentos y sanguinarios sacrificios. Sí, ciertamente son sacrificios pero de la propia mente, del propio ego. Nuevamente honor a la sabiduría de los antiguos maestros.

Si nos falta valor o todavía no estamos listos para enfrentar la gran prueba nuestra energía seguirá girando alrededor de los tres primeros chakras. Siendo probados y tentados una y otra vez en relación al uso del dinero, del sexo y del poder, hasta que podamos salir completamente limpios de estas tres pruebas, hasta ser absolutamente transparentes en estos temas, hasta que nuestra mente sea verdaderamente un cristal.

Antes de eso permaneceremos en ese círculo vicioso de dinero, sexo y poder hasta romper el nudo en el tercer chakra en donde se encuentra, según el tarot, el décimo arcano: «la rueda de la fortuna».

La imagen de este arcano es una esfinge (la energía cuádruple, la cuatripartición) que está suspendida en la parte más alta de una rueda por la que ascienden y descienden dos personajes. Ella al igual que la mítica esfinge que interroga a Edipo, enfrenta a la persona que quiere seguir avanzando con una sola pregunta: «¿Eres tú la verdad?». Allí se acaba el cuento, ya no hay forma de engañar, ella es la guardiana de la cuarta puerta. Si somos verdaderos, auténticos y transparentes la energía asciende y si no está suficientemente limpia, es devuelta hacia abajo, al viejo y conocido círculo hasta que se purifique.

Esta es una de las más antiguas y secretas enseñanzas que nos ilumina la entrada al reino del corazón.

Cuando logramos subir la energía hasta el cuarto nivel, rompemos el círculo vicioso, se completa en nosotros la rueda de medicina y comienza un nuevo camino: el espiral de conciencia.

El espiral de conciencia es la misma rueda de medicina que gira incansablemente, pero ya no solo en dos dimensiones de espacio (en un plano horizontal), ahora hace su ingreso la dimensión vertical de manera que la rueda gira pero no regresa al mismo punto, sino que en cada vuelta se eleva un peldaño más y en cada vuelta va ampliando inevitablemente el radio de su conciencia hasta incluirlo todo, hasta que nadie quede fuera.

¿Quieres llegar al corazón?, ¿alcanzar el cuarto nivel?, ¿conocer la rueda de medicina? Entonces tienes que abandonar inevitablemente tu glamorosa mentira, dejar de trabajar como esclavo para tu ego y tu mente, observar cómo dedicas tanta energía a hacer crecer tu vanagloria o sostener tus vicios.

Solo el amor nos hará libres, solo un amor absoluto por la verdad puede darnos la fuerza y seducirnos tanto para ser capaces de abandonar alegremente la comodidad de la mentira que sostiene hasta ese punto nuestra vida.

Textil paracas con *decapitado* danzando.

Imperialismo y globalización

¿Cuándo empezó esta pesadilla de la globalización? Admito que —como casi todo— también tiene algún aspecto positivo. Pero ¿se justifica ignorar completamente la necesidad de proteger de la aniquilazión todas las manifestaciones de la gran diversidad? No solo es cuestión de reclamar respeto por nuestras diferencias, se trata de cómo hacer para que, en un sistema de total injusticia, las culturas agraviadas por el abuso de poder puedan recomponer su propuesta. Hay que entender que después de todos los desequilibrios y atropellos causados por los imperialismos religiosos y económicos, hay formas de vida —plantas, animales y culturas— que están al borde de la extinción. Muchas mentes inconscientes alegan que todo aquello que no tiene la fuerza para sobrevivir debe morir. Espero que la mayoría de las personas no piense así y que reflexione sobre lo que, realmente, nos convierte en seres humanos.

Podríamos pensar que es bueno tener amor y compasión por las formas de vida más débiles. Pero aun eso me parece poca conciencia. Todos somos responsables al ser parte —activa o pasivamente— de un sistema cuya expansión agresiva e irrestricta impide la recuperación de otras formas culturales. Un buen y actual ejemplo son las culturas amazónicas. Durante miles de años, han vivido en armonía con su entorno y conocen profundamente su medio, el bosque amazónico. Esto significa que sus miembros son extremadamente cultos en su propio sistema. Los ajenos a su cultura no podrían sobrevivir ni una semana en la selva sin ayuda. Sus conocimientos de botánica, entomología, biología, etc., son sorprendentes. El ser humano debe ser considerado culto solo en los términos de su propia cultura. Despreciar a alguien de otra cultura por no conocer la nuestra refleja una ignorancia y una arrogancia gravísimas.

Estos pueblos de la Amazonía necesitan, para su subsistencia, grandes zonas de bosques vírgenes donde los animales que consumen para subsistir —aves, peces y mamíferos— puedan vivir libres y en buenas condiciones. La invasión de colonos durante el último siglo ha reducido sus territorios a menos del 5%, condenando a muerte a todas estas culturas. No podemos decir que la vida es, simplemente, adaptarse o morir. Estamos tan ciegos que somos incapaces de darnos cuenta de la tremenda pérdida que esto representa para todos, para la vida. Si ellos desaparecen, algo morirá también en nosotros.

En territorios «peruano» y «brasilero», aún existen unos cuantos cientos de familias llamadas por el mundo moderno *no contactadas*. Son hombres y mujeres libres, que decidieron no tener contacto con la «civilización», al principio porque amaban su forma de vida, sus costumbres, su libertad y, ahora, por supervivencia. Aman su relación «salvaje» con la madre tierra, andar casi desnudos por las selvas, tomar lo que el bosque les ofrece, viviendo a corazón abierto, recibiendo todo el amor y el dolor que una vida así depara. Sé que muchos piensan que ningún ser humano en este siglo debe vivir en ese estado de confusión, ignorancia y miseria, pero tengan por seguro que los líderes de esas sociedades «primitivas» pensaron lo mismo de nosotros después de conocer nuestra confusión, ignorancia y miseria (este es un perfecto ejemplo de visiones complementarias). En la actualidad, estos pueblos «no contactados» viven perseguidos en un territorio cada vez más limitado, sin que los gobiernos del Perú y Brasil tomen medidas más apropiadas que trazar una línea de protección en un mapa. Ahora, ya no hay vuelta atrás para ellos. Sus intentos de incorporarse al mundo moderno fueron siempre desastrosos. Murieron por miles debido a males tan simples como la gripe —no tienen defensas contra nuestras enfermedades— y, en la actualidad, siguen siendo víctimas de tres grandes predadores:

1. Los extractores de madera que invaden ilegalmente sus territorios.

2. Los investigadores que andan tras una foto y una entrevista que les dé fama en la academia.

3. Algunas sectas evangélicas que dedican todos sus esfuerzos a llevar el Evangelio hasta el último hombre del planeta para salvar su alma, sin importarles asesinar su cuerpo y su cultura.

¿Hasta qué punto nuestra exquisita sociedad requiere esas maderas finas? ¿Hasta dónde nuestra curiosidad necesita detalles sobre sus vidas? ¿Cuándo se convierten nuestras hermosas creencias en armas asesinas?

El ser humano y el ser urbano

El ser humano es una especie que se desarrolla exitosamente sobre este planeta desde hace aproximadamente 100 mil años. Algunos, más entusiastas, hablan de casi un millón. Pero, en fin, para los 5 mil millones de años que dicen que tiene nuestro universo, no somos muy significativos. Menos aún lo es un proyecto bastante más joven, que no va más allá de unos 500 años y que recién toma un perfil psicológico definido en las últimas cinco décadas: el ser urbano. Este se desarrolla y se propaga a una velocidad vertiginosa sin comprender ni respetar las leyes básicas que permiten la coexistencia con las demás especies. Se está convirtiendo en una variante del género humano: cada vez más sacrifica su capacidad de sentir para privilegiar el pensar.

El ser urbano abandonó el camino de lo natural, de lo real, creando su propio sistema con sus propias reglas. Algunos aborrecen realmente la naturaleza y, donde crece algo verde, tratan de sustituirlo por cemento. Se han creado grandes concentraciones —megalópolis de 20 millones— que favorecen el deterioro de las condiciones de vida y de las relaciones entre las personas. La forma de vida y el sistema económico urbanos no son reales sino virtuales, pues están basados en el consumo irrestricto e inevitable y en todo tipo de actividad especulativa. Sus bases y fundamentos son tan poco reales que no es una exageración comparar el sistema del ser urbano con un castillo de naipes que, en cualquier momento, se viene abajo. Como se ha concentrado la mayor parte del dinero en unas pocas manos, ya no es suficiente comprar y especular con la producción agrícola real; ahora se comercia especulando con las producciones de los próximos 20 o 30 años. Es decir, se compran el café o las naranjas que se producirán en el año 2037.

Lo más alarmante y peligroso es el grado de dependencia de las personas con relación al sistema urbano que, en cualquier momento, por diferentes razones, podría fallar y generar la destrucción masiva de la especie urbana. Si esto lamentablemente llegara a pasar, los más afectados serían los más dependientes, los que no tuvieran la capacidad de generar su propio alimento.

Por el contrario, las personas, pueblos y culturas que, en este tiempo, se encuentran marginados por la especie urbana serán quienes recobren su libertad. Mientras menos dependientes de ese sistema virtual, más opciones tendremos de sobrevivir. Ningún ser humano que viva a 5,000 metros de altura en los Andes peruanos sembrando papa, ni otro que habite en la selva amazónica, ni un beduino en el desierto sufrirán tanto el caos proveniente de los centros urbanos. Si me tocara medir la inteligencia del ser humano, uno de los indicadores podría ser su grado de independencia para crear su alimento y poder sobrevivir haciendo el menor daño posible a su entorno.

Siempre me gustó mucho el mar y me sentí profundamente cautivado por los delfines. Estos mágicos mamíferos, extremadamente inteligentes, sensibles y bellos, lograron en el océano un grado de independencia y libertad más allá de todos nuestros condicionamientos y necesidades. ¿Debemos considerarnos superiores a ellos?

La medicina del ayahuasca

Cultura y medicina

Desde hace algunas décadas, los antropólogos tratan de comprender y explicar las particularidades de cada pueblo y cultura en función del medio geográfico que ocupan. Reconozco que este es un factor importante, en algunos lugares más que en otros, pero en América no fueron solo el paisaje o la geografía los que modelaron las diferentes culturas. En Norteamérica, el peyote y los hongos, y, en el sur, la *wilca*, la *wachuma*, el ayahuasca, el tabaco y la coca fueron las medicinas que transformaron el paisaje interior del hombre, que generación tras generación desarrolló una inimaginable profundidad en su entendimiento de la vida.

Escribir sobre el Tawantinsuyo y no hacerlo sobre las medicinas sería una omisión imperdonable. Sin embargo, escribir sobre el ayahuasca me resulta abrumador. Porque así como veíamos que la vida es una paradoja, la palabra que escogería para el ayahuasca es «demasiado». Demasiado amor, demasiado intensa, demasiado profunda, demasiado clara, demasiado confusa, demasiado estricta con algunos, demasiado tolerante con otros; mas nunca será demasiado mi agradecimiento. A pesar de que el ayahuasca es oriunda de la región amazónica y de que cada pueblo tiene su propia manera de llamarla —desde Bolivia hasta Venezuela—, el nombre que se ha hecho más conocido mundialmente es la voz quechua *ayawaska*.

La liana del muerto o la soga del espíritu

La palabra *ayawaska* está compuesta por dos voces: a*ya*, que quiere decir 'muerto' o 'espíritu', y *waska* que significa 'soga', 'liana' o 'bejuco'. Puede traducirse entonces como 'la liana del muerto' o 'la soga del espíritu'. Lo primero que hay que notar es su relación con la muerte. Mucha gente cuenta que, desde su primera toma —y otra en experiencias posteriores—, sintió que literalmente «se moría». Esto es algo bastante frecuente. De hecho, yo mismo he sentido más de una docena de veces que realmente me moría. Pero este viaje hasta la frontera de la misma muerte es solo la aproximación más cercana que podrás tener, consciente y voluntariamente, a ella. Ahora bien, es clarísimo que, en el momento del trance, nadie puede convencerte de que no te estás muriendo. Parece totalmente real, y tienes que aprender a sobrellevarlo si quieres continuar este camino. No todas las experiencias tienen que ser obligatoriamente «de muerte». Estamos hablando de una situación especial, muy intensa. La mayoría no te lleva necesariamente hasta este encuentro con la muerte, pero sí te deja lo bastante cerca como para que, después, reflexiones sobre muchas cosas.

Recordemos unos instantes alguna situación en nuestras vidas que nos haya acercado mucho a la muerte, como el fallecimiento de un ser muy querido. Toda la seriedad, la humildad, la sinceridad, el amor y el dolor que en esos momentos se sienten no dejan espacio para que nuestros tontos patrones mentales estén manipulándonos, por lo menos durante un tiempo. Esto nos da la clave para entender —al menos un poco— cómo y por qué cura. El ayahuasca es para mí un ritual de muerte y resurrección; te desarma y, luego, te vuelve a armar. Si estamos enfermos —y de hecho todos lo estamos, por lo menos de ignorancia—, lo más probable es sentir dolor, y esos momentos finales hacen que busquemos con máxima sinceridad todos nuestros errores y pidamos perdón, desde un lugar muy profundo. Hay un deseo innato e inevitable de querer partir en paz. Finalmente, cuando vamos saliendo de ese estado y vemos que solo fue un gran susto, regresamos con la mente en calma —prácticamente anulada— y un sentimiento de profunda paz y gratitud sin límites.

¿La conciencia es permanente?

Lamentablemente no. Se te escurre como agua entre los dedos. He podido ver casos de gente que, antes de terminar la ceremonia, ya había vuelto a caer en sus viejos patrones mentales, mientras que a otros la sensación de haber tocado el cielo con las manos se les va disolviendo en varios días. Lo interesante es que se enciende una pequeña luz en tu interior que te permite ver cosas que son urgentes de cambiar. El ayahuasca te puede mostrar las cosas, pero es enteramente tu responsabilidad si realizas o no los cambios. Imaginemos nuestro interior como un cuarto oscuro, desconocido, lleno de muebles y objetos extraños. Todos queremos encontrar la puerta, la salida, pero es difícil por tanta oscuridad. De pronto, se enciende una pequeña luz por un segundo, y alcanzamos a darle una mirada a nuestro alrededor. Luego, se vuelve a prender otro segundo y, así, vamos reconociendo el espacio y buscando la salida o, por lo menos, el interruptor de la luz. Con el tiempo, este nivel de conciencia que alcanzamos momentáneamente empieza a ser cada vez más frecuente y estable, por lo menos, dentro de esa línea ondulante que tiene la conciencia de todo ser humano. Incluso los momentos bajos de conciencia ya no lo son tanto.

Existen opiniones infundadas, emitidas desde el desconocimiento de estas plantas sagradas. Gente que nunca las ha experimentado dice que son drogas y que, por tanto, no se les puede considerar parte de un camino espiritual. Les doy totalmente la razón en lo segundo. No son parte de un camino «espiritual»; son un camino sagrado. Y, sobre lo primero, denominar drogas a las plantas sagradas es una grave falta de respeto a nuestra cultura, a nuestros maestros. Llaman drogas a nuestras medicinas y medicinas a sus drogas, qué gracioso. Invalidarlas porque son un «recurso externo» utilizado para incrementar la conciencia me parece fruto de la ignorancia. Todo lo que los creadores pusieron en la tierra es para darle buen uso y, en última instancia, ¿cómo te vas a iluminar mientras sigas pensando que las plantas y tú son algo diferente, que el todo y tú son distintos? Justamente, al tomar ayahuasca, se produce un momento en el que siento claramente la unidad, y el ayahuasca y yo somos un solo ser. Por más espiritualidad que crean tener algunos, siguen atrapados en la lógica dual.

A pesar de todo esto, ella te brinda solo una oportunidad y no hay garantía de nada. Esa es, justamente, una de las primeras reglas que debemos aprender. Así como el ayahuasca es en sí misma un compuesto —chacuruna y ayahuasca—, al mezclar la energía del ayahuasca con tu propia energía se produce una nueva combinación. Por eso, siempre el efecto será distinto para cada uno. Se podrán escribir miles de libros pero ninguno te dirá más que una sola experiencia. Cada uno puede hablar de lo que el ayahuasca es para sí mismo, pero nadie puede hablar de lo que el ayahuasca es en sí misma. Lo más que nos podremos acercar con las palabras es diciendo que es demasiado. *Sinchi Sinchi medicina* —'demasiada medicina'—, cantaban los abuelos.

La mente del hombre quiere investigarla, definirla, clasificarla, encasillarla, predecirla y, mientras más se afane en este camino, más grande será la desilusión que tendrá que soportar, pues justamente representa todo lo opuesto: es indefinible e impredecible, te muestra el camino de ida y el de vuelta, el camino de la tierra al cielo y, el del cielo a la tierra, lo que está abajo lo pone arriba, lo que crees que es adentro lo vuelve afuera, lo que piensas que es importante lo desestima y aquello por lo que no das nada, lo vuelve sagrado. Te puede romper la razón cincuenta veces en una noche, te puede curar, te puede enseñar o te puede ignorar. Puede mostrarte todas las verdades del universo o todas las mentiras, puede contarte historias falsas o verdaderas, te puede arrullar como a un bebé o llevarte al pánico, a la locura, luego al amor, y de la confusión total, a la claridad. Entonces, la pregunta obvia es: si es así, ¿para qué tomarla? La respuesta no se puede dar desde la generalidad, no sería muy justo. Cada uno la tendrá después de conocerla un poco, cada quién sabrá y sentirá si es bueno tomarla o no.

El camino de no ser

Recuerdo muy bien las primeras ceremonias en el año 1979. Luego de tomar las diez primeras veces, creí que lo comprendía todo. Luego de tomar un año, pensé que entendía el 90% de las cosas. Después de cinco años, creí que, en realidad, solo entendía un 10%. Hoy, después de casi 30, estoy convencido de que no sé nada, y recién ahora comprendo algo. Evidentemente, después de tomar ayahuasca todo este tiempo, algo se aprende, y mi conocimiento es mayor que el de años atrás, pero, comparativamente, no es nada con relación a la intuición de lo infinito. Lo que más se ha desarrollado en mí no es el conocimiento, sino la percepción de lo que no conozco, la intuición de la totalidad.

El ayahuasca me enseñó que, para ser un verdadero guía de ceremonias, no debía seguir el camino del ser, sino el de *no ser*. Comprendí que, mientras más quisiera controlar una ceremonia, peor saldría. El camino era al revés: en cada ritual, reducir el ego un poquito más y, así, hasta hacerlo desaparecer. Eso es lo que la medicina quiere, no una personalidad grande que «sea», sino un ego pequeñito que no estorbe. Dejar que la medicina trabaje, que la medicina cure, es el sentido de ser un verdadero canal. Conocer el momento justo para desaparecer y dejar que ella tome el control. En este camino, para ser más tienes que ser menos; si quieres avanzar, primero hay que retroceder.

Cuentan que, ante la puerta de un gran palacio, se presentó un hombre muy anciano y mal vestido, pero con aire de sabio, que pedía entrevistarse con el rey. Lo recibieron y lo hicieron pasar hasta donde estaba el trono, mientras el rey llegaba. El anciano se sintió cansado y se sentó. Inmediatamente, intervino un funcionario y le dijo que no podía sentarse allí, porque aquel era el sitio del rey. El anciano preguntó: «¿Quién está por encima del rey?». El funcionario contestó: «Solo Dios». El anciano volvió a preguntar: «¿Y por encima de Dios?». El funcionario sonrió y le dijo: «Nadie, por encima de Dios, nadie». Entonces, el anciano dijo: «Bueno, ese soy yo, nadie».

En este tiempo, todos quieren todo rápido, y este camino no es así. Un sendero sagrado es para toda la vida y te puede costar 30 años simplemente descubrir que no sabes nada. Así que cuando viene gente a pedirme que les enseñe, les pregunto si, realmente, tienen tiempo para aprender, pues muchos se imaginan que esto puede ser asimilado a manera de una técnica y, en pocos meses, estar haciendo ceremonias por todo el mundo y enriquecerse con ellas. Cuando alguien me pide que le enseñe el camino de la medicina y me dice que quiere hacer ceremonias, les digo que, desde el pedido formal hasta poder darles una bendición para hacerlas, pueden pasar muchos años. Entonces, me miran apenados como diciendo «¿por qué tanto?», y van a buscar a otro que los inicie como chamanes en tres meses.

Estamos quienes hemos seguido por años las enseñanzas de un maestro —la formación tradicional, ayunos y meses de dieta— y quienes han hecho el curso de tres meses. Sin embargo, la medicina es tan generosa que permite que, a través de estos canales no tan claros, llegue curación a mucha gente, porque la necesidad es grande. Aún así, es lamentable por aquellos imprudentes, pues no hay papel más ingrato y precario que el del usurpador. Me viene la imagen de personas que son invitadas a una fiesta en una casa muy hermosa. Quien los recibe está elegantemente vestido y los invita a pasar. La gente elogia la casa y le pregunta si él es el dueño. Él responde con una sonrisa, no dice ni sí ni no, pero, adrede, deja que la gente crea que sí. La hermosa casa es la casa de los abuelos, la tradición. El que los recibe es el guía de la ceremonia, el portero. Él es solo el cuidante, no es el dueño. La casa pertenece a la medicina, ella es la dueña y eso no se debe ocultar. El portero debió decir «yo soy solo el cuidante, la casa es de mis abuelos, pero pasen y disfruten». El verdadero poder es de la medicina, no del curandero.

El ayahuasca puede ser capaz de curarte de las enfermedades más extrañas y complicadas, físicas y mentales, y puede deslumbrarte con las visiones de todo su esplendor, pero el que no conoce puede creer que esa maravilla no proviene de la medicina, sino de la persona que hace la ceremonia. Y si esta no tiene la honestidad de poner las cosas en claro, se vuelve una usurpadora. Le está robando el mérito a su verdadero dueño. Peor aún, cuando la gente, absolutamente agradecida por su liberación o su curación, cae en manos de malos chamanes, es presa fácil de todo tipo de abuso, económico y sexual. Por eso, es importante contar con una formación seria, con una supervisión que evite que esto se vuelva un negocio y deje de ser el camino sagrado que siempre fue.

Por otro lado, la miopía de quienes no ven la importancia de pertenecer a una tradición, de sentirse agradecidos y protegidos por estar entroncados en un linaje verdadero, no es sino una expresión típica de la mente occidental, cuyo entendimiento del respeto es prácticamente nulo. Por más ayahuasca que tomen, no cambiarán si no aprenden que la lección número uno se llama respeto. Alguien entrenado en un camino sagrado no arranca una hoja sin pedir permiso, no recoge una piedra sin agradecer, no toma una vida si no es necesario y, si lo es, reza mucho por ella. No se apropia de ritos e instrumentos o canciones sagradas sin haber recibido permiso para ello. El hombre del mundo moderno ignora todas estas cosas, se mueve por la tierra tomando todo lo que quiere, todo lo que puede, sin saber pedir permiso. Todo tiene vida y, por eso, todo es sagrado, las piedras, las plantas, los animales, los humanos. Como decía un gran jefe, «la tierra no pertenece al hombre, el hombre pertenece a la tierra». También podemos mirarlo en forma opuesta: todo me pertenece, por eso lo cuido y lo respeto; me pertenece el agua, me pertenece el aire. No me creo dueño de nada, pero también me creo dueño de todo.

Las dos cosas más importantes que hay que aprender en esta vida son pedir permiso y agradecer. El día que podamos recordar, en todo momento, que hasta en nuestra respiración está escondida esta gran enseñanza, habremos logrado la memoria. Sentir que pedimos permiso para existir cuando inhalamos y sentir que damos gracias por la vida cuando exhalamos. Así de simple, así de simple.

Las plantas sagradas son verdaderas maestras del reino vegetal, capaces de transmitir un gran conocimiento. Para mí, estos 30 años tomándolas han sido como haber estado bajo la instrucción de un verdadero maestro. Los antiguos habitantes de América desarrollaron una ciencia muy difícil de comprender para el promedio del ser humano moderno. Mediante la ingesta de estas plantas, lograban un profundo grado de introspección que les permitía tener acceso a información concreta y «científica» —si se quiere llamarla así—, sobre muchos aspectos, pero principalmente orientados a resolver problemas de salud, que siempre han sido una necesidad prioritaria.

Conciencia colectiva

El ayahuasca es una bebida compuesta por dos vegetales: la chacuruna y el ayahuasca, que le da el nombre a la medicina. En el libro *La serpiente cósmica* de Jeremy Narby, se plantea la siguiente pregunta: ¿cómo pudieron encontrar entre más de 70,000 especies de plantas mayores, cuál de todas permite inhibir una hormona que impide la asimilación de la dimetiltriptamina (DMT)? La ciencia ya ha demostrado cómo nuestros pensamientos pueden modificar, no solo la química de nuestro cuerpo a través de la generación de hormonas y diferentes sustancias, sino también los patrones moleculares del agua. Esto ya lo sabían muchas culturas amazónicas desde hace miles de años. Por eso, rezan o *icaran* sobre las medicinas antes de tomarlas, con la intención de armonizarlas.

¿Cómo obtuvieron todo este maravilloso y sorprendente conocimiento botánico, entomológico y biológico estos seres «primitivos»? La hipótesis que aquí planteamos es la siguiente: todas las especies de vegetales, animales y minerales tienen un cierto nivel de conciencia. Ampliando la teoría de Jung sobre el inconsciente colectivo del ser humano, podemos llegar a que cada reino y cada especie de la naturaleza poseen «conciencia colectiva» —prefiero llamarla así—. Por esto, el ser humano, a través de la introspección, puede acceder a un espacio común de conciencia colectiva, donde el intercambio de información entre todos los reinos de la naturaleza y entre todas sus especies es real y comprobable. Pareciera que el ser humano es la única especie que posee esta relativa conciencia individual, mientras que las otras solo la tienen en forma colectiva.

En los relatos de las experiencias con ayahuasca, la gente suele contar que le habló una serpiente, que una piedra le confió un secreto o que una planta le mostró para qué sirve. No dudo de que esta información pueda ser real, pero la trampa sobre su veracidad puede estar en la capacidad de cada maestro ayahuasquero de conectarse en un nivel realmente profundo de su ser con las otras conciencias, donde su mente no intervenga con disparatadas imaginaciones.

Normalmente, me preguntan si soy un curandero. No me gusta que me encasillen con ninguna palabra. Yo rezo para que la gente se cure, para que la medicina los cure y, a veces, se curan. Como dice una máxima naturista: «el terapeuta te acompaña en el proceso mientras la naturaleza sana». También, es muy importante entender qué es la enfermedad. La enfermedad no es un castigo divino, ni tampoco solamente la intrusión de un virus en tu sistema. Si nuestra energía está bien, nuestro sistema inmunológico debe tener la suficiente fuerza como para rechazar cualquier enfermedad. Pero si está bloqueada o dividida, muchas veces se manifiesta con los síntomas de alguna patología. El cuerpo expresa que algo no está bien, que debemos cambiar alguna actitud o pensamiento, que tenemos algún resentimiento o algo que perdonar. La enfermedad es solo el síntoma de algo más profundo. A veces, si curas a alguien que todavía no ha entendido por qué está enfermo, no le haces ningún bien. Esta es una de las mayores bondades del ayahuasca: decirte dónde están verdaderamente tu error, tu dolor, tu enfermedad.

Bien sanito se murió

Cuentan que, una vez, una persona que estaba muy enferma llegó donde un famoso curandero que vivía en algún remoto lugar de la Amazonía. El curandero la examinó y, simplemente, se limitó a mover la cabeza en sentido negativo mientras fumaba su gran pipa. Una semana después, contaba: «La semana pasada, vino un hombre muy enfermo, yo le chupé de la cabeza, le chupé el pecho y le chupé la espalda, todo el mal le saqué, sanito lo dejé. Tres días después, el hombre se murió, pero bien sanito se murió».

La justa distancia

Hace muchos años, en una ceremonia, reflexionaba sobre la armonía de los cuerpos celestes, verdaderos colosos flotando y danzando al compás de la vida. Comprendí que lo que aquí en la tierra denominamos magnetismo o gravedad, en el universo se llama simplemente amor. El amor es la distancia justa que hace que nos podamos sentir atraídos por todo, pero sin salirnos de nuestra propia órbita para seguir manteniendo la armonía del conjunto. Si tomáramos conciencia de nuestra responsabilidad en todas nuestras relaciones y cumpliéramos a cabalidad el rol que a cada uno toca, encontraríamos la distancia justa para con todo. No siempre se trata de estar todos juntos y revueltos hasta asfixiarnos. El universo nos enseña que hay que buscar la distancia correcta en cada una de nuestras relaciones. Es el perfecto ejemplo que concilia nuestro destino como individuos con nuestra experiencia colectiva. El amor o la distancia justa se expresan de formas muy extrañas. Una vez tuve que decirle a una persona —ciertamente en broma— que mi amor por ella crecía proporcionalmente a la distancia que nos separaba.

Hablando de la danza cósmica, no podemos dejar de mencionar la música celeste. ¿Qué papel juegan las canciones sagradas —los *icaros*— en una ceremonia? Primero, hablaré sobre ellos. Son las canciones tradicionales que los curanderos de ayahuasca usan en sus ceremonias. Los hay de varios tipos. Existen *icaros* para llamar a los espíritus de las plantas, a los espíritus protectores; también, para invocar al espíritu de cualquier animal, vegetal o mineral, o de cualquier entidad de la naturaleza. Algunos provienen solo de la inspiración humana, mientras que otros son, realmente, la expresión sonora del espíritu que representan. Estos, sin duda, son los más poderosos. Pero el verdadero poder se encuentra más en la relación misma entre el curandero y su canción que en el *icaro* mismo. Los *icaros* se revelan, casi siempre, durante las dietas y exigen pagar un precio en esfuerzo, austeridades o ayunos para que realmente tengan poder o la capacidad de sanar. Repetir el *icaro* de cualquier maestro no tiene sentido, primero, si no se ha obtenido de forma correcta —con el debido permiso— y, segundo, si no se ha dietado adecuadamente. Otra cosa muy importante es entender que, aunque se cumplan todos estos requisitos, lo principal es el estado de conciencia desde el cual se canta. Esto es para mí lo fundamental. Cantar una canción sagrada —aunque esté «correctamente» interpretada— no tendrá el mismo efecto desde un estado de conciencia ordinario que desde otro estado de conciencia expandida. Hay que respetar siempre el cuándo, el dónde y el por qué.

La música es fundamental en el tipo de ceremonias que realizo. Cuando empiezan los primeros efectos de la medicina, durante la primera hora, son sobre todo los principiantes quienes experimentan el propio caos interno. Sin la ayuda de la música, este estado sería casi inmanejable. Ella cumple un rol ordenador, propone un equilibrio, una armonía que, cuando está correctamente dirigida, va abriendo un camino y dando solución a esos momentos tan intensos. Las canciones que uso en las ceremonias son poemas que invitan a reflexionar sobre la vida y nuestro camino, tocando en los participantes emociones muy profundas.

La distancia que existe entre nota y nota no es algo arbitrario, representa también la distancia justa que existe entre diferentes niveles vibratorios. Aunque esto no lo es todo, es muy importante cantar afinadamente, pues la afinación representa el respeto a la distancia justa, y esta conlleva la armonía. La desafinación refleja el caos. Al cantar en una ceremonia, en medio de gente hipersensibilizada por la medicina, no solo estamos transmitiendo una canción, sino toda nuestra vida, toda nuestra claridad o nuestra confusión, nuestra verdad o nuestra mentira. Es un asunto muy delicado por los niveles de sensibilidad con que se trabaja.

La dieta

Es parte de la formación tradicional de todo aprendiz de ayahuasquero y, también, de todo el proceso curativo en el sistema medico amazónico. Básicamente, consiste en abstenerse de ingerir ciertos alimentos y sustancias durante un tiempo determinado. Principalmente, uno tiene que dejar de comer sal y dulce en todas sus formas, así como frutos o sustancias que contengan algún tipo de aceite. Ninguna clase de fruta. No usar ningún tipo de jabón, detergente ni sustancia química; y, preferentemente, estar en un lugar apartado sin contacto alguno con otras personas, salvo la encargada de cuidarnos y de proveer los alimentos. Tradicionalmente, en la selva, comeríamos solo plátano verde sancochado o asado, arroz, avena, maíz tostado y, eventualmente, solo algunos tipos de pescado y aves del monte. Mayormente, este es el tratamiento que todo curandero termina prescribiendo cuando la enfermedad no se puede manejar solo por vía de los cantos —*icaros*—. El tiempo que puede durar este tipo de dieta depende de la gravedad de la enfermedad, de cuánto tiempo necesitamos para restablecer nuestra energía y, también, del tipo de plantas que estamos tomando durante la dieta, pues existen plantas o preparaciones que exigen dietas largas —de tres meses— y otras que piden dietas cortas —de una semana—.

Una de las historias más frecuentes referidas por muchos curanderos es que ellos no empezaron el camino de la medicina por propia voluntad, sino porque una enfermedad bastante grave los llevó a tomar la decisión de dietar durante largos periodos para recuperar la salud. Y, así, iban entrando en el mundo de las plantas, recibiendo las enseñanzas y los conocimientos que estas les traían. Cuando terminaban de curarse a sí mismos, se daban cuenta de que ya habían recorrido la mitad del camino de un curandero.

Cuentan que, antiguamente, la gente no era tan perezosa como ahora y los curanderos dietaban muchos años seguidos logrando grandes conocimientos y poderes. Evidentemente, durante este tiempo no se puede tener ninguna actividad sexual, ni siquiera en sueños. Es más, los sueños se consideran como parte de la realidad. Todo lo que sucede durante el periodo de dieta se considera real e importante. Durante el sueño, no se puede aceptar ningún alimento o actividad que no estén permitidos. Muchos de los conocimientos que uno puede obtener durante una dieta —el uso de las plantas o técnicas para curar— vienen durante los sueños. Existen plantas que exigen dietas tan estrictas que incluso en los sueños uno debe tener el máximo cuidado de no «quebrar». Si estamos dietando y nos ofrecen algo de comer que no está permitido, entonces, muy amablemente, respondemos que no podemos porque estamos dietando. Toda esta presión ayuda a tomar conciencia dentro del sueño y a reaccionar adecuadamente. Lo más importante es que, cuando uno se acostumbra a tomar conciencia dentro del sueño, tiene la capacidad de saber que está soñando y puede aprovechar para hacer preguntas cuando vienen los espíritus de las plantas.

Recordando nuestra visión de los tres mundos andinos, la dieta es un prolongado viaje al *Uhu pacha*, es decir, a nuestro interior. Durante una dieta, sentí claramente que abstenerme de la sal y del azúcar simbolizaba retirarme de la dualidad de la mente, del *Kai pacha*. En un sentido energético, también me permitió observar cómo —considerándonos unidades magnéticas— nuestra vida es un intercambio permanente de cargas magnéticas y energías. Las cargas magnéticas mayores atraen a las menores. Somos atraídos, permanentemente, por un sinnúmero de deseos —no es el momento de juzgar si son buenos o malos—. Simplemente, somos atraídos por todo cuanto perciben nuestros sentidos. Ceder a los deseos nos descarga permanentemente y hace que nuestra carga magnética esté agotada. En estas condiciones, no podemos atraer nada bueno. Caminamos por la vida siendo seducidos por un sinnúmero de estímulos —la gran ciencia del *marketing*— y esto impide que, con nuestra escasa energía, mantengamos el rumbo que hemos trazado para nuestra vida. La dieta, por el contrario, al cerrarle temporalmente la puerta a la satisfacción de todo deseo, permite que uno recobre e incremente su carga magnética sin tener que ir a buscar nada, solo dejando que todo venga a nuestro encuentro: salud, amor, prosperidad.

Chamanes con plumas

Nuestros patrones mentales nos llevan a imaginar cómo deben ser las cosas, y, cuando la realidad no encaja con nuestras especulaciones, sufrimos una gran decepción. Mucha gente se desencanta de las religiones oficiales y, guiada por su intuición y su buena intención, busca alternativas para conectarse con lo sagrado. Lamentablemente, debido a la poca información disponible, tiende a idealizar las situaciones y a convertirlas en novelas en las que ella es la protagonista. Va por las selvas amazónicas o los desiertos mexicanos buscando su «Don Juan» o un chamán con plumas y grandes collares que los inicien en sus extraños ritos y le transmitan su sabiduría. Nada más reñido con la realidad. Por lo menos en la realidad amazónica, que es la que más conozco, las cosas no son así.

El porcentaje de maestros o chamanes de buen nivel que, a la vez, tengan una conducta intachable, es realmente mínimo. La verdad es que, a pesar de ser herederos de una tradición y de poseer el conocimiento de algunas técnicas curativas, muchos de ellos están presos todavía en un mundo de mezquinas emociones. Celos, envidias, calumnias, injurias, chismes, ataques y contraataques energéticos son el pan de cada día. Conozco pocos que realmente hayan podido elevarse sobre este tipo de miseria. Otra cosa muy importante es tener un discernimiento claro entre lo que es una verdadera ciencia chamánica y el puro folklore, pues muchas veces estos se mezclan y se confunden. Mucha gente anda ofreciendo iniciaciones folklóricas que no representan ningún compromiso serio y que desvirtúan las tradiciones sagradas.

Hace diez años, cuando abrimos las ceremonias para gente de todo el mundo, empezamos haciendo unos seminarios de ayahuasca que incluían tres ceremonias. Al primero, solo asistió una pareja compuesta por un joven de Nueva Zelanda y una chica peruana, con quienes hasta ahora mantengo una gran amistad. Cuando estábamos reunidos los participantes, el amigo de Nueva Zelanda preguntó: «¿Y dónde está el chamán?». Los que sabíamos nos miramos y, tratando de evitar la carcajada, le dije que yo iba a conducir la ceremonia. Él lo tomó muy mal, se sintió timado. Según el estereotipo que tenía de una ceremonia de ayahuasca, no existía la posibilidad de que fuera conducida por alguien no indígena. Tratamos de darle todos los argumentos, los 20 años de experiencia que ya tenía, la preparación con un maestro calificado, en fin, le ofrecimos de todo, que se quede sin costo, que participe y que, después, saque sus conclusiones. Pero no. Él había leído que eso debía hacerse con un chamán indígena y si tenia plumas, mejor. Se fue la pareja —él bastante indignado—, pero regresaron como a las dos horas, diciendo que lo habían pensado mejor y que querían «darme una oportunidad». Llegó la ceremonia y resultó una noche tan maravillosa que comprendió, de inmediato, que no se trata de llevar plumas o no, sino de la relación que se tenga con esta tradición y del respeto a ella. Es más, los verdaderos chamanes y curanderos amazónicos no llevan plumas. Es la gente menos llamativa que uno pueda imaginar. Tratan de pasar totalmente desapercibidos. Todavía recuerdo que cuando estábamos a media ceremonia y ya podíamos sonreír un poco —después de la primera parte bastante dura—, en medio de un gran silencio, le pregunté: «¿Y dónde está el chamán?». No es una cuestión de plumas, pero sí se requieren el entrenamiento y la preparación tradicional para que esta práctica no se siga desvirtuando.

Recapitulando

Este trabajo es mi interpretación de lo que podría ser el magistral aporte de la cultura del Tawantinsuyo a la cultura universal: una visión de equilibrio y complementariedad probada y sostenida por más de 5,000 años.

Para ser libres y transformarnos, tenemos que reconocer primero y disolver luego los patrones mentales que nos condicionan y nos limitan. Según la tradición andino-amazónica, para lograrlo contamos con diferentes herramientas. La primera es con las plantas sagradas, nuestras medicinas, las cuales nos ayudan *teóricamente* a ampliar nuestra conciencia. La segunda, con largos ayunos y dietas para lograr el merecimiento del poder y la disciplina necesaria para su correcto uso. Y la tercera, a través de una profunda, sostenida y, sobre todo, sincera búsqueda de la verdad dentro de nosotros mismos; lo que algunos amigos denominan *el camino de los justos* o *la ruta de Wiraqocha*. Un inquebrantable amor por la verdad.

Es sorprendente ver cuántas veces contemplaremos la verdad como al Sol al mediodía, y, momentos después, nos alejaremos y caeremos por debajo de una capa de nubes al no poder sostener nuestra claridad. Aunque el leve descenso de nuestra conciencia es natural, tratemos de no justificarnos ni de escondernos detrás de ninguna argucia. Rodeémonos de símbolos que nos recuerden permanentemente el propósito de la vida.

Todo el secreto está en la memoria y, en este caso, la memoria es la conciencia. Sin la memoria no somos nada, ni siquiera sabemos quiénes somos. No olvidemos ni un solo día preguntarnos: «¿Quién soy yo?».

Tenemos una gran madre y un gran padre, que según la tradición del Tawantinsuyo son Pachamama y Pachakamaq. No importa tanto cómo los llamemos. Lo importante es que existen. Nunca olvidemos agradecerles. Nuestra madre es tan sagrada como nuestro padre y nuestro padre es tan sagrado como nuestra madre. Nuestra madre está siendo ofendida con el mal trato que le damos diariamente. Nuestra forma de vivir tiene que estar acorde con el amor que una madre merece.

Emociones hay muchas y están en la mente. Son la diversidad. El sentimiento es uno solo y es el amor. Un solo corazón. Recordemos que está bien pensar de vez en cuando, pero nunca dejemos de sentir. Somos seres hechos para gozar de la simultaneidad. Pienso y siento, por eso insisto. La existencia, el amor y la conciencia son los tres hilos con los que tejemos nuestra vida.

Nuestro destino es evolucionar, es decir, pasar de un estado a otro mejor, de un estado menos perfecto a uno más perfecto. Tenemos que lograr la capacidad de utilizar nuestra mente para aquello para lo cual fue creada y no permitir que invada o destruya el espacio de nuestro corazón.

El problema no está en cometer errores, no hay quien no los cometa. El más grande error está en no querer reconocerlos. Solo tenemos un tiempo para darnos cuenta. Nuestro mayor enemigo se encuentra dentro de nosotros y se llama autoengaño. Seamos impecablemente honestos, deshagámonos de él. La rueda gira, usémosla, transformémonos.

Sigue un camino sagrado. No sigas el mío, sigue tu propio camino sagrado. Verás cómo nos encontramos.

El bien no puede ser impuesto como los malvados imponen el mal. No podemos obligar a nadie a seguir la senda que creemos correcta. Solo podemos cantar una canción sagrada y dejar que resuene en los corazones de quienes ya tienen suficiente luz como para reconocer su propio camino. Esta es mi canción.

Ayllumasiykunapaq, para toda mi familia.

TAWANTINSUYO 5.0

de Alonso del Río,

se terminó de imprimir para el
Qhapaq Inti Raymi del año 5020,
(año 2011 de la era cristiana).